FRENCH CONVERSATION AND COMPOSITION

This edition published by Lector House in 2024

ISBN: 978-93-5800-862-3

Lector House LLP
Registered Office: H. No. 96, Block C, Tomar Colony,
Burari, Delhi – 110084, India
info@lectorhouse.com
www.lectorhouse.com

FRENCH CONVERSATION AND COMPOSITION

HARRY VINCENT WANN

2024

LECTOR HOUSE

LECTOR HOUSE LLP

FRENCH CONVERSATION AND COMPOSITION

BY

HARRY VINCENT WANN, M.A.

PROFESSOR OF ROMANCE LANGUAGES
INDIANA STATE NORMAL SCHOOL

PREFACE

This little volume has been prepared with a twofold purpose in mind: to provide material (1) for conversation and (2) for a review in the elementary principles of the grammar.

To attempt to stimulate spontaneous conversation, even on simple subjects, without the aid of a French model, not only is hazardous but often becomes aimless, and at best results in the acquisition of a limited vocabulary. Furthermore, it requires a skilful teacher to adapt to such purposes the substance of a text prepared with a totally different end in view.

The author, in the course of five years' experience with conversation classes in the University of Michigan, had difficulty in finding material for this work in a form that was adapted peculiarly to his needs. Plays and anecdotes were found to yield the best results.

Another need is that of books offering a systematic review of the first year's work. In every class will be found a certain per cent of students who translate readily but who have only a hazy notion as to the practical application of some of the most fundamental principles of the grammar.

It is hoped that this book will help to fill the two needs above referred to. The anecdotes have been selected from a large number used by the author in conversational classes and drawn from a great variety of sources, many of which will be readily recognized. He is in a number of cases indebted to Claude Augé's excellent grammar. Most of the anecdotes have been adapted to the author's purpose of illustrating grammatical principles. Questionnaires have been inserted.

In the preparation of the *vocabulaire*, the Petit Larousse and Hatzfeld-Darmesteter dictionaries have been freely consulted. Students will at first require some aid and encouragement from the teacher, in the use of the all-French vocabulary; but they can be made, in a surprisingly short time, to form the habit of using a French dictionary by preference, and of doing a large part of their thinking in French.

It is suggested that the book be used on certain days of the week only, to supplement the student's reading texts, and provide the sort of exercise indicated by its title. It is not intended as a reader.

The author's thanks are due to his former colleague, Professor Hugo P. Thieme, of the University of Michigan, for many helpful suggestions and criticisms, as well as to Professor René Talamon, of the same institution, who kindly assisted in reading the proof.

CONTENTS

ANECDOTES

1. L'HONNÊTETÉ RÉCOMPENSÉE

Le grand Molière donna une fois, par erreur, un louis d'or à un mendiant tout déguenillé, qui lui avait demandé l'aumône. Le pauvre homme, en s'éloignant, s'aperçoit de l'erreur et court aussitôt après Molière. «Vous vous êtes trompé, lui dit-il: vous m'avez donné un louis d'or au lieu d'un sou.» Molière, étonné, lui dit de le garder, et lui en donna un autre pour le récompenser de sa probité, en s'écriant: «Où l'honnêteté va-t-elle se nicher?»

Quelle erreur Molière a-t-il faite un jour?--Le mendiant s'en est-il douté?--A-t-il agi selon les principes acceptés de la généralité des hommes?--Molière a-t-il été touché de ce trait de probité?--Quelle récompense a-t-il accordée à ce phénix des honnêtes hommes?--Les hommes sont-ils d'ordinaire si honnêtes?

Racontez cette anecdote en cent mots.

2. LA VISITE RENDUE

Le nom de Voltaire est universellement connu. Il n'en est pas tout à fait de même de son ami Piron; toutefois suffira-t-il de dire qu'il a été l'auteur d'un grand nombre de satires et de chansons spirituelles, quoique licencieuses.

Une fois Voltaire et Piron étaient allés passer quelque temps dans un château. Un jour Piron écrivit sur la porte de Voltaire le mot Coquin. Sitôt que Voltaire le vit, il se rendit chez Piron, qui lui dit: «Quel hasard me procure l'avantage de vous voir?--Monsieur, lui répondit Voltaire, j'ai vu votre nom sur ma porte, et je m'empresse de vous rendre ma visite.»

À quel titre le nom de Voltaire est-it célèbre?--Le nom de Piron est-il aussi connu que celui du philosophe?--Dans quel genre a-t-il montré du mérite?--Où séjournaient les deux auteurs?--Quel tour Piron a-t-il joué à Voltaire?--Qu'est-ce que celui-ci a fait sur-le-champ?

Faites ce récit de mémoire.

3. LE DOMINO JAUNE

Sous Louis XVI, à l'occasion de la naissance du dauphin, une grande fête fut donnée à Versailles, et l'histoire anecdotique du règne a attaché un plaisant souvenir au bal qui la termina. Un buffet, orné superbement, offrait aux danseurs une collation apprêtée avec une royale magnificence. Les regards des spectateurs furent bientôt attirés sur une personne de haute taille, couverte d'un domino jaune, que trois ou quatre fois déjà on avait vue s'approcher du buffet. Douée d'un appétit de Gargantua, et brûlée sans doute d'une soif inextinguible, elle mangeait et buvait d'une façon prodigieuse.

La surprise se trouva changée en stupéfaction, lorsqu'on aperçut le domino jaune attablé pour la cinquième fois, et que les mets eurent recommencé à disparaître dans son estomac insatiable. On se demandait: «Quel est donc ce masque à l'appétit si prodigieux?» Et les vieux courtisans se disaient entre eux: «Les plus grands mangeurs que nous ayons[1] entendu vanter n'approchaient pas de celui-ci.» Informations prises, il se trouva que les gardes françaises préposées à la garde du château avaient imaginé la plaisanterie suivante: le déguisement était revêtu à tour de rôle par chacun de ces espiègles soldats, et ils participaient ainsi aux joies de la fête. Instruite de cette mascarade amusante, la reine en rit beaucoup. Les officiers furent priés de fermer les yeux sur cette escapade, et les ordonnateurs du bal invités à veiller au renouvellement ininterrompu des provisions du buffet.

Sous quel règne a-t-on donné cette fête, et à quelle occasion?--Qu'est-ce que le buffet offrait aux danseurs?--Qui est-ce qui a attiré les regards des spectateurs?--De quoi cette personne était-elle couverte?--De quel meuble s'est-elle approchée?--Était-elle douée d'un grand appétit?--Comment mangeait-elle?--Qu'est-ce que les spectateurs se demandaient enfin?--Gargantua aurait-il approché du gourmand du bal?--Qui avait été préposé à la garde du château?--Quelle plaisanterie avait-on imaginée pour participer aux joies de la fête?--La reine a-t-elle ri de la mascarade?--A-t-on continué de veiller au renouvellement des provisions du buffet?

Cherchez des antonymes à dix mots de cette histoire.

GRAMMAR REVIEW.--LESSON I

Use of definite and indefinite articles.--Simple interrogation.--Contraction of *de*

[1] Why subjunctive?

and *à* with definite article.--Possessive case of nouns.--*Chez*.

Examples

La France est un beau pays.	France is a beautiful country.
Les chevaux sont utiles.	Horses are useful.
Je donne ces fruits au professeur, la femme, à l'homme, aux garçons, aux petites filles, etc.	I give this fruit to the teacher, to the woman, to the man, etc.
Les livres de la femme, du jeune homme, de l'élève, des enfants, des petites filles.	The woman's books, the young man's, the pupil's, etc.
Où est le père de Jean? Est-il chez le professeur?	Where is John's father? Is he at the teacher's?
A-t-il un livre?	Has he a book?

A. 1. Molière is going to give a sou to the beggar. 2. Honesty is a good thing.[2] 3. He rewarded the beggar's honesty. 4. Voltaire's name is well known. 5. He was Piron's friend. 6. He spent some time at Piron's house.[3] 7. They[4] gave[5] a fête on the occasion of the dauphin's birth. 8. The soldier's appetite was prodigious. 9. The king's officers were at Molière's house. 10. The man with the insatiable stomach approaches[6] the buffet. 11. The beggar notices[7] Molière's mistake. 12. Will you be at the dauphin's castle? 13. I shall be at the queen's castle. 14. Does he give the beggar a sou?

B. 1. The king's officers did not laugh at[8] the joke. 2. The surprise of the old courtiers was[9] great. 3. Voltaire was a famous author. 4. The servant's master will not be at the castle. 5. He wouldn't have[10] gone to[11] see the servant. 6. The man with[12] the yellow mask had gone to the château. 7. The beggar does not notice[13] the mistake at once. 8. I wondered[14] who was the man with[15] the insatiable

---

[2] chose (f.).
[3] *omit.*
[4] on.
[5] *past indefinite.*
[6] s'approcher de.
[7] s'apercevoir *de* (*become aware of*).
[8] de.
[9] *past definite.*
[10] être.
[11] *omit.*
[12] à.
[13] s'apercevoir de.
[14] se demander.
[15] à.

stomach. 9. The king winked at[16] the prank. 10. They noticed[17] the soldier in the room for the fifth time. 11. When he had[18] eaten, he withdrew. 12. He is mistaken,[19] he did not see the king. 13. I have been to[20] see John. 14. The soldiers disappear in turns.[21] 15. The officer was put in charge of the château. 16. He will see to the replenishment of the provisions. 17. He is the biggest eater I have[22] ever seen.

[16] fermer les yeux sur.
[17] apercevoir (*perceive concretely*).
[18] eut.
[19] se tromper.
[20] *omit.*
[21] à tour de rôle.
[22] *Why subjunctive?*

ANECDOTES

4. TROP DE ZÈLE

Un fabricant avait congédié son gérant. Un ami s'en étonnait. «Comment! vous êtes brouillé avec votre homme d'affaires? Je suis très surpris que vous puissiez[23] vous passer de lui. Il prenait, disiez-vous, vos intérêts avec une ardeur!--Certainement, il a d'abord pris mes intérêts, mais il a fini par prendre aussi mon capital!»

> Qui le fabricant s'était-il vu forcé de renvoyer?--Son ami avait-il prévu une telle décision?--Sur quoi avait-il basé son opinion de l'homme d'affaires?--Cette opinion s'est-elle trouvée être bien fondée?

5. PITIÉ TOUCHANTE

C'était pendant la guerre de Crimée. Un soir de combat, deux blessés gisaient côte à côte sur le champ de bataille. La nuit tomba, et le froid terrible qui sévissait augmenta encore leurs souffrances. Ils essayèrent d'échanger quelques paroles, mais ils ne se comprirent pas, car l'un était un Français et l'autre était un Russe. Le sommeil vint enfin clore leurs yeux. Hélas! ceux du Français ne devaient plus voir le jour.

Le matin, en s'éveillant, le Russe vit sur lui un manteau qui ne lui appartenait pas. Son voisin ne bougeait plus. Ce généreux adversaire, sentant approcher la mort, avait jeté sur son compagnon d'infortune un vêtement qui désormais lui était inutile. Il avait ainsi mis en pratique cette maxime: Soyons bons, même envers nos ennemis.--(D'après BERSOT.)

> Où les deux blessés se trouvaient-ils?--Qu'est-ce qui augmentait leurs souffrances?--Ont-ils essayé de se parler?--Pourquoi ne pouvaient-ils se faire comprendre?--Qu'est-ce qui a fermé enfin leurs yeux?--Le lendemain matin, qu'est-ce que le

[23] Why subjunctive?

Russe a vu?--Pourquoi le Français avait-il jeté son manteau sur le Russe?

Donnez votre idée de la morale de cette histoire.

6. LA MÉFIANCE EST MÈRE DE LA SÛRETÉ

Un particulier avait la réputation de bien faire le café. C'est un talent et notre homme le savait bien. Un jour il reçoit une lettre où, avec les compliments les plus flatteurs sur son talent, on le priait d'envoyer sa recette.

Le grand homme se rend avec joie à cette demande, et remercie l'auteur de la lettre de la bonne opinion qu'il a de lui; puis, saisi tout à coup de méfiance, il ajoute: j'espère cependant que votre demande n'est pas une ruse pour vous procurer mon autographe.

Quel don notre homme avait-il?--S'en faisait-il fort?--Le bruit de son talent s'est-il répandu?--Quelle demande ce monsieur a-t-il reçue un jour?--S'y est-it rendu?--De quelle arrière-pensée a-t-il été tout à coup saisi?

7. AUGUSTE ET LE VÉTÉRAN

Le succès de nos affaires dépend souvent de notre présence d'esprit.

Un vieux soldat d'Auguste, qui s'était distingué par sa bravoure et ses actions d'éclat, fut cité en justice sur une fausse accusation. Il craignait d'être condamné, car son adversaire était un grand officier de la cour. En cette conjoncture difficile, il pria l'empereur lui-même de prendre en main sa défense. Auguste appela un de ses courtisans et lui dit: «Je te recommande de faire ton possible pour faire acquitter ce brave homme. Et toi, continua-t-il en s'adressant au vétéran, va en paix: tes affaires sont en bonnes mains, ta cause triomphera.--Mon puissant empereur, répliqua le soldat, quand votre pouvoir fut menacé à la bataille d'Actium, je n'ai point chargé un autre du soin de votre défense. J'ai combattu moi-même, exposant ma vie pour sauver vos jours. Voyez ces cicatrices! Ces traces ineffaçables prouvent avec quel dévouement je vous ai servi!» En même temps il découvrit sa poitrine pour montrer les blessures qu'il avait reçues. Cet appel hardi à de vieux souvenirs valut au vétéran la protection efficace de l'empereur qui lui fit gagner sa cause.

De quoi dépend quelquefois le succès de nos affaires?--Comment le vieux soldat s'était-il distingué?--Qu'est-ce qui lui est arrivé un jour?--Quel était son adversaire?--Quelle prière a-t-il adressée à l'empereur?--Entre les mains de qui l'empereur voulait-il laisser l'affaire?--Comment a-t-il voulu rassurer le soldat?--Mais qu'est-ce que celui-ci a trouvé à redire à cela?--

Quelles preuves a-t-il montrées de son dévouement?--Qu'est-ce que son appel lui a valu?

Donnez un synonyme à chacun des mots suivants: soldat, bravoure, adversaire, prier, brave, vétéran.

8. LE MÉDECIN ET SA MULE

Un Esculape, monté sur sa mule, allait voir un malade qui avait un apostème dans le larynx. Notre docteur rencontre une connaissance à la porte même de son client. Il quitte les étriers pour causer plus à son aise, et laisse sa monture qui, trouvant la porte ouverte, pénètre toute seule dans la maison. La chambre du malade était au niveau du sol. La mule, d'un pas délibéré, et toute enharnachée, pénètre dans l'appartement où le pauvre diable était couché. Celui-ci, qui entend du bruit, s'imagine que c'est le docteur, et avance son pouls sans se retourner. La mule, qui voit un bras tendu devant elle sans savoir pourquoi, saisit le poignet avec les dents. Le malade, épouvanté, tourne la tête et saute au bas du lit pour chasser l'animal; puis il est pris d'un tel accès de rire, que l'apostème en crève.

Le docteur, qui survient, veut flapper la mule à coups de cravache. Mais le malade s'écrie: «Arrêtez, monsieur le docteur! il y a de quoi être émerveillé de l'aventure: votre mule a guéri le mal dont toute votre science ne pouvait venir à bout. Désormais, s'il m'arrivait de retomber dans ce piteux état, envoyez-moi votre mule, et restez en paix chez vous.»

Le médecin où allait-il?--Allait-il à pied?--De quoi souffrait son client?--Où le médecin s'est-il arrêté en route?--Est-il descendu de sa mule?--Qu'a fait la bête ensuite?--L'entrée de la maison était-elle facile?--Le malade a-t-il entendu entrer quelqu'un?--Qu'a-t-il pensé?--En quelle posture le malade se trouvait-il?--La mule a-t-elle voulu jouer le rôle de médecin?--A-t-elle tâté le pouls du client?--Celui-ci a-t-il été surpris de trouver la mule dans sa chambre?--Quel heureux effet la peur du malade a-t-elle eu?--Quel conseil cet homme a-t-il donné au médecin?

Écrivez cette histoire en 200 mots.

Cherchez un verbe, s'il y en a, pour tous les substantifs dans cette histoire: *e.g.* connaissance: connaître.

GRAMMAR REVIEW.--LESSON II

Review forms and use of possessive adjectives.

A. 1. His success will depend on his presence of mind. 2. Their adversary was a veteran, distinguished for his courage. 3. We begged the soldiers to take our defense in hand. 4. The terrible cold will increase our sufferings. 5. His eyes were to[24] see the light no more. 6. Our friends will do their utmost to win our case. 7. The memory of my wounds will win[25] me his protection. 8. I will take charge of your (*familiar form*) defense. 9. Your wounds are terrible but your cause will triumph. 10. When my power was menaced, you showed your bravery. 11. Your appeal has won you my protection. 12. I threw my cloak over my companion. 13. Our neighbors have yielded to our request. 14. Your enemy has exposed his life to save his emperor. 15. His accusation is false, and my cause is in good hands.

B. Word study, based on «Le médecin et sa mule.» Use synonyms for words in italics.

> 1. The doctor is going to *see* his *patients*. 2. He meets some[26] *friends*. 3. They are mounted on their mules. 4. They *dismount* to talk more *conveniently*, and *let go* their mounts. 5. Our mules are going to *get into* the house, says the doctor. 6. My patient lives *on the ground floor*. 7. One of the mules enters with[27] a deliberate step. 8. The *poor man thinks* it is his doctor. 9. He *holds out*[28] his pulse, without *turning*.[29] 10. The doctor, *frightened*, comes in to *chase* out[30] his mule. 11. I don't know why you want to *strike* your mule, says the patient. 12. I am *wonderstruck* that your mule has[31] cured my *illness*. 13. *Henceforth stay* at home.

C. Learn synonyms for larynx, connaissance, client, pénétrer, bruit, animal, chasser, saisir, frapper, arrêter, désormais, piteux.

---

[24] *Use* devoir.
[25] *Use* valoir.
[26] des.
[27] de.
[28] *omit.*
[29] *infinitive.*
[30] *omit.*
[31] *Why subjunctive?*

ANECDOTES

9. L'ENTENTE CORDIALE

Une dame voulait faire entendre à sa nouvelle servante qu'elle devait ménager ses paroles. «Je dois vous dire tout d'abord, lui dit-elle, que je puis tout supporter, excepté qu'on me réplique[32]--Madame est exactement comme moi, répondit la domestique, nous nous entendrons très bien.»

Quel avertissement la dame a-t-elle donné à sa bonne?--Les domestiques se gardent-ils toujours de répliquer à leurs maîtresses?--Comment cette bonne a-t-elle compris la chose?--Pourquoi comptait-elle sur un accord parfait avec Madame?

Trouver un nom pour tous les verbes: *e.g.* voulait, vouloir.

10. LA REINE BARBUE

Avant la restauration de Charles II, les femmes ne montaient pas sur la scène, et les rôles des femmes, au théâtre anglais, étaient remplis par des jeunes gens en habits de femme. Il résultait souvent de cette absence du beau sexe, le plus bel ornement du théâtre, les scènes les plus ridicules. Un jour, le roi étant arrivé au théâtre un peu plus tôt qu'à l'ordinaire, et s'impatientant de ce qu'on ne levait pas la toile, envoya un de ses officiers pour savoir quelle était la cause de ce retard inaccoutumé. Le directeur, sachant que la meilleure excuse qu'il pût donner au grand monarque était de lui dire la vérité, alla à sa loge et lui dit; «Sire, la reine n'est pas encore rasée.» Et, en effet, on était en train de raser le jeune homme qui devait remplir ce rôle.

Qui faisait, autrefois, les rôles des femmes au théâtre anglais?--Qu'est-ce qui résultait souvent de ce fait?--Le roi arrivait-il toujours à la même heure au théâtre?--De quoi s'est-il impatienté un jour?--Quelle commission a-t-il donnée à l'un de ses officiers?--Quel parti le directeur a-t-il pris?--Comment a-t-il dû s'excuser?-

[32] Why subjunctive?

-Qu'est-ce qu'on était en train de faire?

Écrivez ce récit en 150 mots.

Formez un adjectif de tous les noms et de tous les verbes: *e.g.* restauration: restauré.

11. L'AVOCAT ET LE CLIENT

Le locataire d'un appartement alla trouver un avocat et déposa dix francs sur son bureau en lui disant: «Le plâtre de mon appartement tombe de tous les côtés, et je crains que si je le remplace et en déduis le prix sur le montant du loyer, le propriétaire ne refuse[33] d'accepter la réduction. Quel est votre conseil? Qu'est-ce que je devrais faire?»

L'avocat, après avoir empoché l'argent, répond, sans se retourner: «Déménagez. Bonjour.»

Quel client s'est présenté chez l'avocat?--Dans quel dilemme s'agitait-il?--Le conseil de l'avocat a-t-il été pratique?--A-t-il dû consoler le client?

12. L'INGRATITUDE

Un soir, le vieux Lucas, assis au coin du foyer en attendant le repas, disait à sa femme Fanchon, âgée comme lui: «Oh! si notre fils Jean pouvait obtenir cette bonne place de garde-chasse qui est vacante au château!... Que je serais fier et content!... Ma femme, c'est le nouvel intendant qui doit donner l'emploi. Je crois que ces belles poires que nous avons là lui feraient plaisir. Demain, dès ton réveil, arrange-les dans une jolie corbeille ronde, mets ton chapeau nef, et va les lui porter. C'est avec un petit cadeau à la main, vois-tu, qu'il sied de demander une grande faveur. Tu laisseras entendre que bientôt nous aurons du chasselas exquis, et que si nos vœux pouvaient se réaliser...--Je comprends,» repartit la vieille Fanchon. Les rusés compères en étaient là quand l'intendant arrive chez eux l'air joyeux et pressé. «Vivat! s'écrie-t-il dès le seuil. J'ai si bien fait que Jean a la place. Jean est garde-chasse!» Voilà le vieil homme qui se confond aussitôt en remerciements. Fanchon, aussi, était folle de joie. Enfin l'intendant part. «Quel brave homme! quel excellent homme!... fait le vieux Lucas... Femme, demain nous devrons vendre nos poires au marché.»

Les mauvais hommes, quand ils désirent obtenir une faveur, promettent monts et merveilles à celui de qui dépend leur sort. Ils sont remplis de bonnes intentions à son égard. Leur ambition satisfaite, its oublient leur bienfaiteur et témoignent envers lui de la noire ingratitude.--(D'après CLAUDE AUGÉ.)

[33] Why subjunctive? Notice use of *ne*.

Où le vieil homme était-il assis?--Qu'attendait-il?--À qui parlait-il?--Quelle place son fils sollicitait-il?--Qui pouvait lui accorder la place?--Chez qui la vieille Fanchon devait-elle porter les belles poires?--Dans quel but?--Est-ce qu'elle a compris l'idée de Lucas?--Qui arrive en ce moment?--Quel air avait-il?--Quelle nouvelle apportait-il?--Les vieillards l'ont-ils remercié?--Ont-ils changé de programme plus tard?--Que sont devenues les poires?--Dites la morale de cette anecdote.

Quels sont, dans cette histoire, les mots les plus usuels? Les plus difficiles?

GRAMMAR REVIEW.--LESSON III

Position of adjectives.--Irregular adjectives.--Compound subject, agreement.--Forms and use of *quel*.

Examples

Un bon garçon, Une petite femme, le jeune homme, les chevaux noirs, l'école française, la table ronde, la porte ouverte, un livre excellent.	A good boy, a little woman, the young man, the black horses, the French school, the round table, the open door, an excellent book.
Le père et ses fils sont *grand*.	The father and his sons are tall.
Le père et ses filles sont *grands*.	The father and his daughters are tall.
Les portes et les fenêtres sont ouvertes.	The doors and windows are open.
Un homme brave, un brave homme.	A brave man, a worthy man.
Un beau garçon, un bel homme, une belle femme.	A handsome boy, man, woman.
Quel livre avez-vous? Quelle plume? Quels hommes? Quelles femmes? Quel homme!	What book have you? What pen? What men? What women? What *a* man!

A. 1. The young women were not at the theater. 2. The king is a ridiculous man. 3. The officer's clothes were very fine. 4. I noticed the absence of the fair sex. 5. French gamekeepers are proud of their lot. 6. Lucas is a homely[34] man. 7. If she could[35] get the empty place, she would be happy. 8. Old women[36] do not go on the stage. 9. Poor Fanny[37] carries the pears to market. 10. The poor man asks

[34] laid.

[35] *imperfect tense.*

[36] *Use definite article.*

[37] *Use definite article.*

for[38] a new place. 11. Bad men[39] are often full of good intentions. 12. Fanny is a pretty woman. 13. She fills a difficult[40] rôle. 14. Old Lucas wore[41] a black hat. 15. Lucas and his wife are very old. 16. What a[42] pleasure! Jean will be mad with joy. 17. I want them[43] to raise the curtain at once.[44]

B. Notice various meanings of *devoir*.

Il doit être ici.	Must be, probably is.
Je dois partir demain.	I am to leave to-morrow.
Je devais partir hier.	I was to leave yesterday.
Il devra revenir.	Will have to...
Ils ont dû vendre leur maison.	Have had to...
Elle aurait dû le faire.	Ought to have done...
Ils devraient étudier.	Ought to study...
Il aura dû s'arrêter.	Must have had to...

Etc.

1. The king must be a ridiculous man. 2. Lucas was a homely man but his little gift must have pleased[45] Fanny. 3. She looked[46] happy, seated by the fireside. 4. Poor Fanny was to carry the beautiful pears to market. 5. I had gotten that far[47] when John arrived. 6. They have let it[48] be understood[49] that they are going to move. 7. I was supposed to fill a hard rôle. 8. The old king must have gotten impatient.[50] 9. You ought to have told me in the first place what[51] was the cause of the delay. 10. They were in the act[52] of raising the curtain, when the king arrived. 11. You will have to hold your tongue, otherwise[53] we will not get along together very well. 12. One[54] ought not to forget one's[55] benefactors. 13. If Jean wanted

[38] *omit.*
[39] *Use definite article.*
[40] difficile.
[41] porter.
[42] *omit.*
[43] qu'on *followed by subjunctive.*
[44] tout de suite.
[45] faire plaisir à.
[46] avoir l'air.
[47] en être (là).
[48] *omit.*
[49] *active infinitive.*
[50] s'impatienter.
[51] quelle.
[52] en train de.
[53] autrement.
[54] on.
[55] ses.

to get the place, he ought not to have forgotten the pears. 14. Where is Jean? He must be at the steward's. 15. Where have we gotten to? [56] 16. The steward was a worthy[57] man. 17. The new servant must have forgotten her good intentions. 18. The king wanted them[58] to raise the curtain. 19. I am afraid he will leave.[59] 20. I am afraid he cannot[60] get the place.

[56] *cf. note.*

[57] brave.

[58] qu'on *with imperfect subjunctive.*

[59] *subjunctive with* ne.

[60] *subjunctive with* ne... pas.

ANECDOTES

13. IMPUISSANCE DU PAPE

Léon X recevait un jour la visite d'un cardinal qui se plaignait de ce que Michel-Ange l'avait représenté en enfer dans son tableau du jugement dernier. «Si Michel-Ange, lui dit le pape, vous avait mis en purgatoire, je pourrais vous en tirer; mais il vous a mis en enter: mon pouvoir ne s'étend pas là.» Il faut prendre garde de s'attirer la rancune des artistes!

Quelle visite le pape recevait-il?--Contre qui le cardinal voulait-il porter plainte?--Comment son ennemi l'avait-il représenté?--Pourquoi le pape était-il sans puissance contre Michel-Ange?

Faites ce récit de mémoire.

Formez touts les mots possibles des mots dans cette histoire; *e.g.* impuissance: impuissant; Léon: Léonie.

14. L'IRLANDAIS ET LE CÂBLE

Au moment où un vapeur allait partir, un Irlandais de l'équipage reçut l'ordre de haler un long câble qui trainait à l'arrière. Il se mit gaîment à l'œuvre, mais l'excessive longueur du câble épuisa bientôt sa patience. «Je voudrais savoir, dit-il, qu'est devenu l'autre bout de ce câble: quelque requin l'aura sans doute mangé.»

Quel ordre l'Irlandais a-t-il reçu?--S'est-il mis à l'œuvre?--Le câble était-il long ou non?--Qu'est-ce que le marin s'est demandé?

15. LA VENGEANCE

Un favori du sultan jeta une pierre à un pauvre derviche qui lui avait demandé l'aumône. Le derviche n'osa rien dire; mais il ramassa la pierre et la mit dans sa poche, espérant que cette pierre lui servirait à se venger, si l'occasion se présentait.

Quelques jours après il entendit un grand tumulte dans la rue, et il s'informa de ce qui le causait. Il apprit que le favori était tombé en disgrâce, et que le sultan le faisait conduire dans les rues de la ville attaché sur un chameau et livré aux insultes du peuple. À l'instant le derviche tira sa pierre de sa poche, mais ce fut pour la lancer loin de lui. «Je sens, s'écria-t-il, que la vengeance n'est jamais permise; car si notre ennemi est puissant, elle est imprudente et insensée; si au contraire il est malheureux, elle est lâche et cruelle.»

Pourquoi le favori a-t-il jeté la pierre?--Est-ce que le derviche l'a ramassée?--Où est-ce qu'il l'a mise?--Dans quel but?--Qu'est-ce qu'il a entendu un peu plus tard?--Qu'a-t-il appris?--Est-ce qu'il s'est souvenu de la pierre?--Pourquoi ne voulait-il pas s'en servir?

Cherchez les mots qui ressemblent le plus à des mots anglais.

16. UN DUPEUR DUPÉ

On conte que le célèbre général romain Marc-Antoine se livrait quelquefois au divertissement de la pêche à la ligne avec la reine d'Égypte, Cléopâtre. La reine était fort adroite; le général avait la main lourde: il n'attrappait jamais le plus petit poisson, et Cléopâtre se moquait de lui. Voici, pour suppléer à sa maladresse, le stratagème qu'il s'imagina. Il connaissait un excellent plongeur. Il indiqua une pêche pour un certain jour, remit à ce plongeur un lot de poissons magnifiques, qu'il avait fait d'avance mettre en réserve, et lui commanda de venir sous l'eau attacher successivement chaque poisson au bout de sa ligne. Le plongeur réussit, et Antoine eut ainsi, sans aucune peine, les honneurs de la journée. Mais Cléopâtre était fine: elle devina la ruse et s'en vengea bientôt.

Le jour de la pêche revint; Antoine jeta sa ligne. Il l'avait à peine lancée dans l'eau qu'il sentit une violente secousse. Le fidèle plongeur se trouve à son poste; Antoine le sait: le succès est done sûr. Il tire. Et que trouve-t-il à son hameçon? Un poisson qui sort de la poêle, tout prêt à être mangé! La reine l'avait fait attacher à la ligne d'Antoine par un autre plongeur encore plus diligent que celui du général.

On se représente aisément la triste mine du pêcheur dupé et les moqueries impitoyables qui accueillirent son étrange capture. Notre La Fontaine a dit longtemps après: «C'est un double plaisir de tromper un trompeur.»

À quel divertissement Marc-Antoine se livrait-il souvent?--La reine d'Égypte avait-elle la main lourde?--Pourquoi se moquait-elle du général romain?--Qu'est-ce qu'il s'est imaginé de faire?--Qui l'a aidé dans son projet?--Qu'a-t-il donné à ce plongeur?--Ce dernier que devait-il faire?--Y a-t-il réussi d'abord?--Marc-Antoine a-t-il attrapé beaucoup de poissons?--Cléopâtre s'est-elle doutée de quelque chose?--Comment s'est-elle vengée?--Qu'est-ce que le général a trouvé à son hameçon?--Le plongeur de la reine était-il habile?--Quelle mine Marc-Antoine a-t-il faite?

Écrivez cette histoire en 250 mots.

Quels mots y a-t-il dans cette histoire que vous n'aviez pas encore étudiés?

GRAMMAR REVIEW.--LESSON IV

Future and conditional tenses.--The demonstrative adjective.--Meanings of present tense.--*Est-ce que.*--Use of past tenses.

Examples

Il sera déjà parti.	He must have (probably has) left.
Le ferez-vous?	Will you (are you going to) do it?
But: Voulez-vous le faire?	Will you (are you willing to, do you want to) do it?
Étudiez-vous?	Do you study; are you studying?
J'étudie.	I study; I am studying.
Je voudrais partir.	I would like to go.
Ils ne sauraient trouver le chemin.	They couldn't possibly (wouldn't know how to) find the way.
Il chanta la Marseillaise (*literary*). Il a chanté la Marseillaise (*coloquial*) }	He sang the Marseillaise.
Il chantait.	He was singing, used to sing, etc.
Votre père est-il arrivé? Est-ce que votre père est arrivé? }	Has your father arrived?
Ce garçon, cet homme, cette femme, ces livres-ci, ces plumes-là.	This (or that) boy, man, woman, these books, those pens.

A. 1. That boat yonder is going to depart. 2. This Irishman is pulling a cable. 3. The length of this cable doubtless must[61] have[62] exhausted his patience. 4. I'd like to leave this evening.[63] 5. The sultan's favorite threw this stone. 6. Is revenge permitted[64] men? 7. If my enemy were[65] powerful, revenge would be imprudent.

---

[61] *future* of avoir.
[62] *future* of avoir.
[63] soir (*m.*).
[64] permise aux.
[65] *imperfect indicative.*

8. If I were[66] cowardly, I would throw a stone at that camel. 9. The Irishman was hauling a cable, when he received[67] the order to[68] start. 10. She used to know the queen formerly.[69] 11. If I succeed, I will have the honors of the day. 12. If a man is clever, does he always succeed? 13. If you are happy, your enemy is unhappy. 14. Did[70] he find[71] these stones in his pocket? 15. Are they picking up those stones? 16. If I should succeed,[72] I would be happy. 17. If you are in Hades, I won't be able to get you out.[73] 18. I couldn't[74] possibly[75] tell you (it).

B. 1. People[76] made fun of the cardinal. 2. Did he learn that the cardinal had fallen into disgrace? 3. He was very shrewd but clumsy.[77] 4. I shall take-care[78] not[79] to fall. 5. If I were[80] to[81] go to work,[82] I should succeed. 6. What has become of[83] the queen? 7. I'd like to[84] know what[85] has become of her.[86] 8. The boat has[87] probably[88] left already.[89] 9. He did not receive the order to depart. 10. This man was a good diver formerly.[90] 11. If she guessed the trick, she would get even. 12. The queen was eating, when she heard a great noise. 13. If this man were clever, he would know how[91] to[92] avenge himself. 14. Marc Antony was[93] a great general. 15. She did not know that he had caught a fish.

---

[66] *imperfect indicative.*
[67] *past indefinite.*
[68] de.
[69] autrefois.
[70] *omit.*
[71] *What tense?*
[72] *imperfect indicative.*
[73] vous en tiler.
[74] *conditional* of savoir.
[75] *omit.*
[76] on.
[77] *idiom*: avoir la main lourde.
[78] prendre garde.
[79] *omit.*
[80] *omit.*
[81] *omit.*
[82] se mettre à l'œuvre.
[83] est devenue.
[84] *omit.*
[85] ce que.
[86] elle est devenue.
[87] *future of* être.
[88] *omit.*
[89] déjà.
[90] autrefois.
[91] *omit.*
[92] *omit.*
[93] *past definite.*

ANECDOTES

17. L'HOMME ET LA MARMOTTE

La marmotte venait de finir son long somme; sommeil de six mois seulement. «N'as-tu pas honte, lui dit l'homme, de dormir si profondément?--Tu n'en parles que par envie, répondit la marmotte, et tu me fais pitié. J'aime encore mieux dormir la moitié de ma vie, que d'en perdre en plaisirs comme toi la moitié.»

> Comment la marmotte passe-t-elle l'hiver?--Quel reproche l'homme lui a-t-il fait?--A-t-il trouvé à qui parler?--Lequel des deux était le plus à plaindre?--À quai l'homme consacre-t-il une grande partie de sa vie?
>
> Faites ce récit en tâchant de le redire en d'autres termes.
>
> Pouvez-vous raconter une histoire en remplaçant *la marmotte* par un autre animal?

18. MIEUX VAUT TARD QUE JAMAIS

La scène se passe chez un dentiste. La victime lâche un juron. «Qu'y a-t-il, monsieur, demande le dentiste, qu'avez-vous?--Maladroit, répond le client, voilà la seconde bonne dent que vous m'arrachez.--Je suis désolé, monsieur, pardonnez-moi; mais comme vous n'en aviez que trois quand j'ai commencé, j'espère qu'il n'y aura pas d'erreur cette fois.»

> La victime était-elle contente du dentiste?--Quelle bévue le dentiste avait-il faite?--Pourquoi n'avait-il pas peur d'en faire une autre?
>
> Faites ce récit de memoire.

19. DONNER UN ŒUF POUR AVOIR UN BŒUF

Un monsieur était entré dans une petite horlogerie. Il avait besoin d'une montre, et l'horloger lui en faisait voir une très belle. «En voici une, dit-il, que je vous vendrai douze francs cinquante.--Douze francs cinquante! mais c'est à peine le prix coûtant.--C'est parfaitement vrai.--Mais, alors, où est votre profit?--Dame! il y a les réparations!»

Quelle est la scène de cet incident?--Qu'est-ce que le monsieur désirait?--Les prix des montres étaient-ils élevés?--Le monsieur s'en est-il étonné?--Comment le propriétaire pouvait-il vendre si bon marché?--L'explication a-t-elle dû rassurer la pratique?

Donnez un résumé de cette anecdote.

20. CHACUN SE BAT POUR CE QU'IL N'A PAS

Napoléon n'avait encore que vingt ans, lorsqu'un officier russe lui dit avec beaucoup de suffisance, que les Russes se battaient pour la gloire, et que les Français ne se battaient que pour l'argent. «Vous avez parfaitement raison, répliqua Napoléon, car chacun se bat pour ce qu'il n'a pas.»

Quel âge Napoléon avait-il lorsqu'il a eu cet entretien avec l'officier russe?--Quelle différence le Russe voyait-il entre ses compatriotes et les Français?--Bonaparte était-il du même avis que le Russe?--Quelle réponse spirituelle lui a-t-il faite?

21. LES EXCUSES

L'un des plus grands acteurs français de noire temps jouait, un soir, dans une ville du Midi, Don César de Bazan, son triomphe. Mais voilà que la mémoire lui manque, et malgré les efforts désespérés du souffleur, il s'arrête. Des murmures et des coups de sifflet s'élèvent, et l'acteur, peu habitué à ce genre de traitement, se fâche et lâche tout haut le mot: Imbéciles!

La salle bondit sous l'insulte: «Des excuses, des excuses!» crie-t-on de tous les côtés. L'acteur refuse d'abord, puis, souriant, il s'avance au bord de la rampe: «Messieurs, dit-il, je vous ai appelés imbéciles--c'est vrai: je vous fais mes excuses--j'ai tort.» Il n'en fallait pas plus pour faire oublier l'insulte, et la salle applaudit.

Où l'acteur jouait-il?--Pourquoi s'est-il arrête?--Comment a-t-il subi les sifflets du public?--Quel mot a-t-il lancé à la tête des auditeurs? A-t-il continué à jouer ensuite?--Le public s'est-il laissé faire?--Comment l'acteur s'est-il excusé enfin?--Les excuses ont-elles été agréées?

Écrivez cette histoire en 150 mots.

Quels incidents de théâtre pouvez-vous raconter?

22. LES RUGISSEMENTS DU LION ANGLAIS

Au commencement de la Révolution d'Amérique, une des foudroyantes proclamations du roi d'Angleterre excita de vives discussions dans une société à Philadelphie. Il y avait un membre du congrès qui écoutait les débats sans y prendre part. Il se tourne vers une jeune personne qui paraissait y prendre beaucoup d'intérêt, et lui dit: «Eh bien! mademoiselle, les rugissements du lion anglais, ont-ils porté la terreur dans votre âme?--Point du tout, monsieur, car j'ai appris dans l'histoire naturelle que c'est quand cet animal à le plus peur qu'il rugit le plus fort.»

À quelle époque cette proclamation fut-elle faite?--Qu'est-ce qu'elle excita?--Que faisait un membre du congrès?--Que dit-il à une jeune personne?--Que répondit-elle?

Cherchez des adjectifs, des noms, ou des verbes des mots dans cette histoire; *e.g.* rugissement: rugir, rugissant; lion: lionne.

23. LA MANIÈRE DE DONNER ÔTE OU AJOUTE DU PRIX À L'AUMÔNE

Un jour, il y a quelques ans, je me trouvais à une fête de village dans un château aux environs de Paris. Après dîner, la compagnie alla se promener à la foire et s'amusa à jeter aux paysans des pièces de monnaie, pour le plaisir de les voir se battre en les ramassant. Pour moi, suivant mon humeur solitaire, j'allai me promener tout seul de mon côté.

J'aperçus une petite fille qui vendait des pommes sur un éventaire qu'elle portait devant elle. Elle avait beau vanter sa marchandise, elle ne trouvait plus de chalands. «Combien toutes vos pommes? lui dis-je.--Toutes mes pommes?» reprit-elle. Et la voilà occupée à compter en elle-même. «Six sous, monsieur, me dit-elle.--Je les prends pour ce prix, à condition que vous irez les distribuer à ces petits savoyards que vous voyez là-bas.» Ce qu'elle fit aussitôt. Ces enfants, qui avaient faim, furent au comble de la joie de se voir régalés ainsi que la petite fille d'avoir vendu sa marchandise. Tout le monde fut content et personne ne fut humilié.

Racontez cet incident à la troisième personne.

24. RECETTE CONTRE LE FROID

Dans l'année du grand hiver qu'il gelait à pierre fendre, le roi Henri IV, passant en carrosse sur le Pont-Neuf à Paris, le nez dans son manteau de fourrure, vit un jeune Gascon se promenant gaiement avec un pourpoint de toile découpé au cou, et un petit manteau ouvert, comme si l'on eût été au cœur de l'été. Le roi lui dit: «N'as-tu point froid?--Non, Sire, répondit-il.--Quoi! dit le roi, je m'étonne que tu ne gèles[94] pas habillé comme tu l'es, et moi, qui suis extrêmement bien vêtu, je puis à peine souffrir le froid.--Ah! Sire, dit le Gascon, si votre Majesté faisait comme moi elle n'aurait jamais froid.--Comment cela? dit le roi.--Si vous portiez, dit le Gascon, tous vos habits sur vous, comme je porte tolls les miens, je vous assure que vous auriez toujours chaud.» Le roi trouva cette réponse si bonne qu'il lui fit faire un habit neuf.

> Par où le roi passait-il?--Quel temps faisait-il?--Qui le roi a-t-il aperçu?--Comment cet individu était-il vêtu?--Quelle question le roi lui a-t-il posée?--Quel moyen avait-il trouvé de ne jamais avoir froid?--Le roi a-t-il été ému de cette réponse du Gascon?
>
> Quelle moralité peut-on tirer de cette anecdote?

25. LE LOUP ET LE CHIEN

Un loup, qui cherchait aventure, rencontra une fois, hors du village, un chien dont il se disposait à faire immédiatement son déjeuner. Mais le chien lui représenta sa maigreur, et le pria d'attendre un pen. «Mon maître, lui dit-il, vient de faire un héritage et va donner force festins aux parents et aux amis; je ne saurais manquer d'engraisser pendant cette période, et vous aurez alors plus de plaisir à me manger.» Le loup eut la naïveté de croire ce maître hâbleur et le laissa partir. Quand il revint le chercher au jour convenu, il ne le trouva pas seul. Le rusé compère avait fait signe aux camarades des alentours: une meute entière tomba sur la bête fauve et la mit en pièces.

Ce loop ne connaissait pas la maxime popularisée par La Fontaine: Un bon «tiens» vaut mieux que deux «tu l'auras.»

> Savez-vous une autre expression pour: se disposer, force festins, faire un héritage, je ne saurais, faire signe, mettre en pièces?

GRAMMAR REVIEW.--LESSON V

Voici.--Voilà.--Il y a.--Expressions with *avoir.--Se trouver.--Aimer mieux.--Venir de.*

Examples

Où se trouve votre père? Le voilà.	Where is your father? There he is.
Il y a beaucoup de monde ici.	There are many people here.
J'aime mieux les pommes que les poires.	I like apples better than pears.

[94] Why subjunctive?

Voici mon fils. Il vient d'arriver.	Here is my son. He has just arrived.
J'ai faim. Elle a soif.	I am hungry. She is thirsty.
Elles ont peur.	They are afraid.
Nous avons besoin de souliers.	We need shoes.
Etc.	Etc.

A. 1. There is a member of Congress. 2. When the lion is hungry, he roars loudly.[95] 3. I was sleepy, that is[96] why I slept so soundly. 4. There was a revolution in[97] France. 5. You don't need this money. 6. This little girl is six years old.[98] 7. This is the second watch[99] I have bought[100] this year. 8. What-is-the-matter-with-you,[101] young man? 9. Were they not ashamed to fight for money? 10. Pardon me, you are wrong. 11. It will be useless for you[102] to[103] talk. 12. Here are your apples, sir. 13. What's the matter?[104] Are you afraid of the lion? 14. He was very[105] thirsty,[106] and there was no[107] water[108] in the village. 15. There was[109] a lively discussion. 16. One evening, some years ago, he was[110] in a Southern[111] village. 17. Napoleon would rather[112] fight for glory than for money. 18. He has just been listening to[113] the debates. 19. The king wasn't cold because[114] he had on[115] all his clothes. 20. I am always warm when I wear my cloak. 21. I am afraid my watch will stop.[116] 22. I would be afraid if he were[117] not here. 23. I am ashamed that he is[118] not here.

[95] très fort.
[96] voilà.
[97] en.
[98] *omit.*
[99] *supply* que.
[100] achetée.
[101] qu'avez-vous?
[102] vous aurez beau.
[103] *omit.*
[104] qu'y a-t-il?
[105] bien.
[106] soif.
[107] pas de.
[108] eau. (*f.*).
[109] *past definite.*
[110] se trouver.
[111] du Midi.
[112] aimer mieux.
[113] *omit.*
[114] parce que.
[115] porter.
[116] *subjunctive with* ne.
[117] *imperfect indicative.*
[118] *subjunctive.*

B. Word Study.--Based on «Le Loup et le Chien.» Suggest at least two expressions for words in italics.

1. There was once a wolf who was looking for adventure. 2. *Once* he was very[119] hungry. 3. He met a dog; "there's my *meal*," says he. 4. He *gets ready* to eat this dog *immediately*. 5. But the dog *calls his attention* to his leanness, and *begs* him to wait a *while*. 6. His master had just *inherited* property.[120] 7. He was going to give *a lot of dinners*. 8. The dog couldn't[121] fail to fatten *during* this *time*. 9. Then the wolf could eat the dog. 10. "I would rather[122] *eat* you now," says he. 11. But the wolf had the *simplicity* to let the dog get away. 12. He came back to *get* the dog on[123] the *appointed* day, but the *sly* fellow had *informed* his comrades of the *neighborhood*. 13. They *fell* upon the wolf *at once*.

[119] très.

[120] *omit.*

[121] use savoir.

[122] aimer mieux.

[123] *omit.*

ANECDOTES

26. LE POULET DU CARDINAL DUBOIS

Le Cardinal Dubois, ministre sous la régence du duc d'Orléans, soupait habituellement d'un poulet rôti. Un soir, au moment où l'on allait le servir, un chien emporta tout à coup le poulet. Quand ses gens s'en aperçurent, ils en furent tout désolés, et pour tâcher de réparer le malheur ils se hâtèrent d'en remettre au plus tôt un autre à la broche. Le cardinal demanda qu'on lui servît[124] tout de suite son poulet. Le maître d'hôtel, prévoyant la terrible fureur du ministre si on lui disait le fait, ou si on lui proposait d'attendre plus tard qu'à l'heure ordinaire, prend immédiatement son parti, et lui dit avec sang-froid: «Monseigneur, vous avez soupé.--J'ai soupé?--Sans doute, Monseigneur; il est vrai que j'ai été surpris du peu de nourriture que vous avez pris; vous paraissiez fort occupé d'affaires; quoi qu'il en soit,[125] si cela vous plaît, on vous servira un second poulet; cela d'ailleurs ne tardera pas.» Le médecin Chirac, qui le voyait tous les soirs, arrive dans ce moment. Les domestiques le préviennent et le prient de les seconder. «Parbleu! dit le cardinal, voici quelque chose d'étrange: mes gens veulent me faire croire bon gré mal gré que j'ai soupé, et même que j'ai bu deux ou trois verres de vin; je n'en ai pas le moindre souvenir, et qui plus est, j'ai bien faim et bien soif.--Tant mieux! s'écrie Chirac, les occupations politiques vous ont épuisé, et il importe que vous rétablissiez[126] au plus tôt vos forces. Faites tout de suite servir monseigneur, dit-il ensuite aux gens, je le verrai achever son souper.» Le poulet fut apporté; non seulement le cardinal regarda comme une marque évidente de santé de souper deux fois, sur l'ordonnance de Chirac, l'apôtre de l'abstinence, mais encore il fut en mangeant de la meilleure humeur du monde. (D'après, SAINT-SIMON.)

> Qu'est-ce que le cardinal mangeait tous les soirs?--Qu'est-il arrivé une fois?--Que pensaient les domestiques?--Qu'est-ce qu'ils ont fait tout de suite?--Le cardinal avait-il hâte de manger?--Comment le maître d'hôtel a-t-il tâché de réparer le malheur?--Qui

[124] Why subjunctive?
[125] Why subjunctive?
[126] Why subjunctive?

est arrivé en ce moment?--Comment a-t-il aidé les domestiques?--Le cardinal a-t-il été trompé?--A-t-on apporté enfin le poulet?--Le cardinal l'a-t-il mangé?--A-t-il été content de souper deux fois?

Quels sont dans cette histoire les mots qui ressemblent le plus à des mots anglais?

Étudiez les verbes irréguliers dans cette histoire.

27. LE LIÈVRE DU GASCON

Un Marseillais se promenait un jour avec un Gascon à quelque distance d'Amiens. Tout à coup un gros lièvre sauta presque dans les jambes du Marseillais.

«Ah, le gros lièvre, s'écria celui-ci.--Gros lièvre, c'est vrai, dit le Gascon, mais pas si gros qu'un certain lièvre que j'ai tué l'année dernière.--Ah! de quelle grandeur était-il?--Aussi gros qu'un cheval, au moins.»

Le Marseillais sourit et ne dit rien. Mais après quelque temps:

«À propos, mon ami, dit-il, nous allons passer le pont de la Somme, et l'on dit que cette rivière noie infailliblement les menteurs.»

Le Gascon se gratta la tête, et peu après il dit:

«J'y ai bien réfléchi et je crois qu'il était comme un veau, mon lièvre.» Le Marseillais se tut encore, mais comme on arrivait à une rivière, le Gascon crut que c'était la Somme et dit:

«Peut-être qu'il n'était pas plus gros qu'un mouton.»

La rivière passée et après avoir marché quelque temps, l'habitant de Marseille dit:

«Cette fois, voilà vraiment la Somme.--Après tout, dit le Gascon, j'ai bien réfléchi et je crois que mon lièvre était à peu près comme celui que nous avons vu tout à l'heure.--Et moi, je te dis, mon ami, que cette rivière n'est pas plus terrible que la Garonne.»

Où se promenait-on?--Quel incident s'est produit?--Quelle réputation les Gascons ont-ils?--Celui-ci était-il comme tous les autres de son pays?--Quel moyen le Marseillais a-t-il trouvé de lui faire dire la vérité?

Soyez prêt à donner une définition des mots les plus difficiles.

28. CHARITÉ BIEN ORDONNÉE COMMENCE PAR SOI-MÊME

Un célèbre prestidigitateur et sa troupe donnant des séances dans une petite ville se trouvaient par suite de mauvaises recettes réduits à la pile nécessité. Le prestidigitateur alla trouver les autorités et proposa de donner une séance au bénéfice des pauvres, si la ville voulait consentir à payer la location de la salle, etc. L'amorce philanthropique fit son effet, la recette remplit la caisse et l'envoyé de la Municipalité se présenta le lendemain matin pour toucher. «J'ai déjà disposé de l'argent, dit le prestidigitateur; la recette étant destinée aux pauvres, je l'ai distribuée à mes gens, qui sont les plus pauvres de la ville; j'ai tenu mon engagement.--Mais c'est un vilain tour, cela, dit l'envoyé.--Que voulez-vous? répliqua l'autre, je vis de mes tours.»

Où la troupe donnait-elle des séances?--Les recettes étaient-elles moins abondantes que d'ordinaire?--À qui le directeur s'est-il présenté?--Qu'est-ce qu'il proposa de faire?--À quelles conditions voulait-il donner une séance?--A-t-on accepté la proposition?--La recette a-t-elle été bonne?--Qui est venu trouver le prestidigitateur le lendemain?--Quelle conversation a eu lieu?

Quel est le sens des mots suivants dans cette histoire: séance, suite, recettes, location, toucher, engagement, tour?

GRAMMAR REVIEW.--LESSON VI

Comparison of adjectives and adverbs.--*Than* in comparison.

Examples

Jean est aussi grand que moi.	John is as tall as I.
Jean est plus grand que moi.	John is taller than I.
Jean est moins grand que moi.	John is less tall than I.
Jean n'est pas si (aussi) grand que moi.	John is not so (as) tall as I.
Il est le plus grand de tous mes frères.	He is the tallest of all my brothers.
Il est l'élève le plus diligent *de* la classe.	He is the most diligent pupil *in* the class.
J'ai plus (moins) de crayons *que* vous.	I have more (fewer) pencils *than* you.
Il y a plus (moins) *de* dix personnes ici.	There are more (less) *than* ten people here.
Jean parle bien, Edmond parle mieux, mais Marie parle le mieux de tous.	John talks well, Edmund talks better, but Mary talks the best of all.

A. 1. The hare was bigger than a horse. 2. The Garonne is less terrible than the Somme. 3. I have more than 300 sheep. 4. This bridge is not as long as the other. 5. He is[127] the most famous man in the city. 6. Paris is the largest city in[128] France. 7.

[127] c'est.

[128] *what preposition.*

There is the best servant[129] I have.[130] 8. I shall see the doctor later. 9. This chicken is not so big as the one that[131] we had yesterday.[132] 10. I want the bigger of the two. 11. Jean has the biggest dog of all. 12. He drank more than three glasses of wine. 13. He hasn't more than two dogs. 14. The hare is as big as the one that I killed yesterday. 15. The Garonne is broader than the Somme. 16. Gascons are the biggest liars in the world, they-say.[133] 17. He is the best pupil in the class. 18. The Gascon hadn't the least fear.

B. 1. He hadn't the least recollection of having[134] lied. 2. He wants to make me[135] eat willy nilly.[136] 3. I saw nothing[137] strange. 4. Have you made up your mind?[138] 5. However that may be,[139] I don't believe that he will come.[140] 6. You are pretty hungry, aren't you?[141] 7. So much the better![142] We will have something[143] good to[144] eat pretty soon.[145] 8. It is important that you eat[146] at the usual time. 9. He asks that we bring[147] the chicken as soon as possible. 10. I killed just now[148] the biggest hare that I have[149] ever seen. 11. The river is more terrible than it seems.[150] 12. The cardinal was more weak[151] than sick. 13. The thing[152] becomes[153] more and more[154] evident. 14. Chirac is the better doctor of the two. 15. He is older by[155]

---

[129] *supply* que.
[130] *subjunctive. Why?*.
[131] celui que.
[132] hier.
[133] dit-on.
[134] *infinitive.*
[135] me faire.
[136] bon gré, mal gré.
[137] *supply* de.
[138] *idiom*: prendre un parti.
[139] quoi qu'il en soit.
[140] *subjunctive. Why?*.
[141] n'est-ce pas?
[142] tant mieux!
[143] *supply* de.
[144] à.
[145] tout à l'heure.
[146] *subjunctive. Why?*.
[147] *subjunctive. Why?*.
[148] tout à l'heure.
[149] *subjunctive. Why?*.
[150] ne le paraît.
[151] faible.
[152] la chose.
[153] devient.
[154] de plus en plus.
[155] de.

two years than the other. 16. He is a most terrible man![156] 17. What do you expect![157] Work[158] has worn him out so. 18. He was in[159] the best humor in[160] the world.

[156] homme on ne peut plus terrible.
[157] que voulez-vous?
[158] *use definite article.*
[159] de.
[160] de.

ANECDOTES

29. L 'ESPRIT PRÉCOCE

Pic de la Mirandole, savant italien, se distingua par une précocité extraordinaire, en même temps que par la hardiesse de ses thèses en philosophie. Parmi les courtisans qui admiraient l'esprit du jeune homme quand il n'avait encore que neuf ans, se trouvait un lourdaud qui dit en sa présence: «Quand les enfants ont tant d'esprit, ils deviennent ordinairement stupides dans un âge avancé.--Si ce que vous dites est vrai, lui repartit le jeune prince, vous devez avoir eu beaucoup d'esprit quand vous étiez enfant.»

Dans quel domaine le savant italien s'est-il distingué?--A-t-il été un enfant stupide?--S'est-on aperçu de bonne heure de ses dons?--Comment un certain maladroit a-t-il voulu rabaisser son prix?--Quelle repartie spirituelle le jeune prince a-t-il trouvée?

Racontez cette histoire en 100 mots.

30. PAS DE CHANCE

Un gamin pêchait, mais sans succès, au bord d'un ruisseau. Un bon vieillard qui passait par là s'arrête pour le contempler. «Eh bien! mon petit, as-tu pris beaucoup de poissons? dit-il enfin.--Je ne puis dire que j'aie pris beaucoup de poissons, répondit gaiement le gamin, mais au moins j'ai noyé assez de vers!»

Que faisait le petit garçon?--Qui vint à passer par là?--A-t-il accosté le pêcheur?--Quelle chance celui-ci avait-il eue?--Comment s'en consolait-il?

Remplacez les noms par d'autres d'un sens à peu près le même; *e.g.* chance, veine, fortune; gamin, garçon.

31. SAGESSE D'UN PERSAN

Un roi de Perse, qui a été surnommé le Juste, et qui a mérité ce glorieux surnom, voulut, un jour qu'il était à la chasse, manger du gibier qu'il avait tué. Comme il n'avait point de sel, il envoya un esclave pour en chercher au village voisin, et lui recommanda de le payer très exactement. La plupart des courtisans du prince trouvaient que leur maître attachait beaucoup d'importance à de bien petites choses: «Pourquoi, Sire, dirent-ils, tenez-vous à payer ce peu de sel, dont le vendeur ne ferait pas de cas, et qu'il s'estimerait heureux de pouvoir vous laisser gratis?--Un roi, leur répondit-il, doit ne donner que de bons exemples. Qu'il prenne[161] un fruit dans un jardin, ses vizirs voudront arracher l'arbre; qu'il se permette[162] de prendre un œuf sans payer, ses soldats tueront toutes les poules.»

Pourquoi donnait-on à ce roi le surnom de Juste?--À quel divertissement se livrait-il un jour?--Avait-il fait bonne chasse?--Que voulait-il faire?--Qu'est-ce qui lui manquait?--Où pensait-il en trouver?--Quelle recommandation a-t-il faite à celui qu'il a chargé d'aller chercher du sel?--Fallait-il payer le sel?--Pourquoi le roi voulait-il qu'on le payât?

Donnez votre idée de la morale de cette histoire.

32. DIALOGUE DANS UNE AUBERGE D'ESPAGNE

Théophile Gautier, poète et critique français, nous a raconté dans un de ses livres l'anecdote suivante, qui donne une impression frappante de l'indépendance et de la nonchalance d'un hôtelier espagnol. La scène se passe dans une posada.

«Je voudrais bien prendre quelque chose, dit le voyageur en entrant.--Prenez une chaise, répond l'hôtelier.--Fort bien, mais j'aimerais mieux prendre n'importe quoi de plus nourrissant.--Qu'avez-vous apporté? poursuit le maître de la posada.--Rien, répond tristement le voyageur.--Eh bien! alors, comment voulez-vous que je vous fasse[163] à manger? Le boucher est là-bas, le boulanger est plus loin; allez chercher du pain et de la viande et s'il y a du charbon de bois, ma femme, qui s'entend un peu à la cuisine, vous accommodera vos provisions.»

Le voyageur, furieux, fait un vacarme effroyable, et l'hôtelier impassible lui porte sur sa carte: «6 réaux de tapage.»

Qui était Gautier?--Où voyageait-il?--Où est-il entré?--Qu'est-ce qu'il voulait?--Qu'est-ce que l'hôtelier lui a dit?--Le voyageur avait-il apporté de quai manger?--Où fallait-il aller chercher des provisions?--Qui devait les accommoder?--Le voyageur a-t-il été

[161] Why subjunctive?
[162] Why subjunctive?
[163] Why subjunctive?

content de l'accueil qu'on lui a fait?

Écrivez cette histoire en 100 mots.

33. MOYEN DE SE PLACER AUPRÈS DU FEU

Benjamin Franklin, arrivant dans une auberge par un temps très froid, trouva le feu de la cuisine, le seul qu'il y eût[164] dans la maison, tellement entouré de monde, qu'il ne put en approcher. Il ordonne de suite au garçon d'écurie de donner six douzaines d'huîtres à son cheval. Le garçon, lui faisant observer qu'un cheval ne mange pas d'huîtres, et qu'il vaudrait mieux lui donner une botte de foin: «Faites ce que je vous dis, et vous verrez,» dit le voyageur.

Les huîtres sont portées, et toute la compagnie de courir[165] dans l'écurie pour voir comment un cheval pouvait manger des huîtres. Le voyageur, alors, eut soin de prendre la meilleure place auprès du feu. Le garçon d'écurie revient lui dire que le cheval ne veut pas manger les huîtres. «Eh bien! dit-il, apportez-les-moi, je les mangerai.»

Franklin avait-il froid?--Où voulait-il se placer?--Quel obstacle y avait-il?--Quel ordre a-t-il donné au garçon?--Celui-ci s'en est-il étonné?--Qu'est-ce que toute la compagnie a voulu voir?--Franklin s'est-il rendu aussi à l'écurie?--Comment a-t-il profité de l'absence des autres?--Qu'est-ce que le garçon est venu lui dire ensuite?--La ruse de Franklin avait-elle pris?

Faites ce récit de mémoire.

Donnez le futur de tous les verbes.

GRAMMAR REVIEW.--LESSON VII

Partitives and expressions of quantity.

Examples

Donnez-moi du pain, de la viande, des pommes de terre.	Give me (some) bread, meat, potatoes.
Ne me donnez pas de fromage.	Don't give me any cheese.
Nous avons de bons livres et de mauvais.	We have (some) good books and bad.
Il y a peu de gens qui le croient.	There are few people who believe it.

[164] Why subjunctive?

[165] Historical infinitive.

La plupart des gens (bien des gens) ne le croient pas.	Most people (many people) do not believe it.
L'église était pleine de fleurs.	The church was full of flowers.

A. 1. The king has good trees but no fruit in his garden. 2. He sent a slave to[166] buy some eggs. 3. One must[167] not attach too much[168] importance to small things. 4. I have no hens, but I have eggs to[169] sell. 5. The king's courtiers have not killed any game. 6. There are big trees and small ones[170] in this garden. 7. There must[171] be good fruit here. 8. The traveler has no provisions and would like something[172] nourishing. 9. Have you anything[173] good to[174] eat? 10. We have meat, bread, fruit,[175] and good eggs. 11. There was no fire in the kitchen, but there were lots of people there.[176] 12. There were large chairs near the fire. 13. The boy brought to the innkeeper six dozen eggs. 14. There isn't enough charcoal, do you want me[177] to bring you some?[178] 15. The servants were not boys but women. 16. These[179] are excellent oysters. 17. There are many people[180] at the inn. 18. We have good inns and bad in France. 19. The servant bought five cents'[181] worth[182] of salt. 20. Many[183] people do not eat oysters. 21. A great[184] many of the king's soldiers were hungry. 22. The house was surrounded by trees. 23. Most kings do not set good examples. 24. Most children haven't so much wit. 25. Many[185] children become stupid in later life. 26. Here is the only fire[186] there is[187] in the house.

B. Use the following words in the proper spaces in the exercise given below:

---

[166] *omit.*
[167] devoir.
[168] trop.
[169] à.
[170] *omit.*
[171] devoir.
[172] *supply* de.
[173] *supply* de.
[174] à.
[175] *plural.*
[176] là.
[177] que je.
[178] vous en apporte (*why subjunctive?*).
[179] ce.
[180] monde.
[181] sous.
[182] *omit.*
[183] bien des.
[184] *omit.*
[185] bien des.
[186] *supply* que.
[187] *why subjunctive?*

(*a*) ami, aimer, aimable, amiable, aimablement, aimant, amabilité, amical, amicalement, amitié, amour, amoureux, amoureusement, enamourer.

Cette homme est mon ----, il m'---- beaucoup, il est très ----. Il a témoigné de l'---- moi. Nous nous parlons ----; il me donne des conseils ----. Son ---- me plaît; il me traite ----. Nous pouvons régler cette affaire à l'---- Ce jeune homme est ---- de ma fille, il lui parle ----; il s'est ---- d'elle; il lui dit son ----. Elle est d'une nature ----.

(*b*) laboureur, labeur, laborieux, laborieusement, labourage, labourable, labourer.

Le ---- est ----; il travaille ----. Il vit de son ----. Le ---- des terres est difficile. Cette terre n'a pas été ----, elle n'est pas ----.

(*c*) autre, autrement, autrui, autrefois, altérer, alterner, alternative.

Rien ne peut ---- notre amitié. On se voit d'un ---- œil qu'on ne voit ses prochains. Je n'ai pu faire ----, il n'y avait point d'----. Les saisons ----. Cet homme était ---- mon ami. Ne fais pas à ---- ce que tu ne voudrais pas qu'on te fît.

ANECDOTES

34. LE DISTRAIT

Un homme qui était souvent distrait écrivit la lettre suivante à un de ses amis: «Mon cher ami, j'ai oublié ma canne chez vous; faites-moi le plaisir de me la rendre par le porteur de ce billet.» Au moment de cacheter la lettre, il trouva sa canne et il ajouta en post-scriptum: «Je viens de trouver ma canne, ne prenez pas la peine de la chercher.» Puis il ferme sa lettre et l'envoie.

À qui le distrait a-t-il écrit?--Dans quel but?--Qu'avait-il oublié?--Qu'est-il arrivé ensuite?--Comment a-t-il voulu épargner de l'ennui à son ami?

Faites ce récit de mémoire. Donnez des synonymes pour *puis*.

35. L'OPÉRATION INUTILE

Un officier anglais ayant reçu une balle dans la jambe, fut transporté à l'hôpital où deux médecins furent appelés et fouillèrent la plaie pendant deux heures. L'officier qui souffrait beaucoup, leur demanda ce qu'ils cherchaient. «Nous cherchons la balle qui vous a blessé.--Ah! c'est trop fort! s'écria l'homme blessé, pourquoi ne me l'avez-vous pas dit plus tôt? Je l'ai dans ma poche.»

Qu'est-il arrivé à l'officier?--Où l'a-t-on transporté?--Qui a-t-on appelé?--Qu'a-t-on tâché de faire?--Qu'est-ce que l'officier a voulu savoir enfin?--Qu'est-ce qu'il aurait pu faire, s'il l'avait su?

Quels synonymes pour *hôpital, médecin?* Donnez les noms des différents rangs d'officiers.

36. SCIPION NASICA ET ENNIUS

Scipion Nasica était très intimement lié avec le poète Ennius. Un jour il était venu le voir, et l'ayant demandé à la porte, la servante d'Ennius lui dit que son maître n'y était pas. Nasica comprit qu'elle avait ainsi répondu par l'ordre d'Ennius, qui était chez lui. Peu de jours après, Ennius étant allé voir Nasica, et l'ayant demandé à la porte, Nasica lui-même lui cria qu'il n'était pas à la maison. «Quoi donc, reprit Ennius, est-ce que je ne reconnais pas votre voix?» Alors Nasica lui dit: «Vous êtes bien impudent: le jour que je vins vous demander, j'ai cru votre servante, qui me dit que vous n'étiez pas chez vous; et vous ne me croyez pas moi-même!»

Nasica connaissait-il Ennius?--Celui-ci a-t-il reçu la visite de Nasica lorsqu'il est allé le voir?--Nasica savait-il que son ami était effectivement chez lui?--Qu'est-ce qu'il a fait lorsque l'autre est venu lui rendre sa visite?--Pourquoi a-t-il traité Ennius d'impudent?

Nommez les adjectifs des adverbes et les adverbes des adjectifs dans cette histoire.

Donnez le subjonctif du présent des verbes irréguliers.

37. LE SAVOIR-VIVRE

Le soir de son premier bal, un jeune homme demandait conseil à un vieux praticien. «Que dois-je dire à ma danseuse? dit-il.--Dites-lui qu'elle est belle.--Mais si elle n'est pas jolie, qu'est-ce qu'il faut lui dire?--Alors parlez de la laideur des autres dames.»

À qui le danseur novices est-il adressé?--Dans quel but?--L'autre était-il expérimenté?--Quels conseils a-t-il donnés au jeune homme?

Quels sont les cinq adjectifs irréguliers dont *belle* est un?

38. UNE PRÉDICTION FACILE

Diderot, philosophe français, raconte l'incident suivant:

Ma mère, jeune fille encore, allait à l'église ou en revenait, sa servante la conduisant par le bras. Deux bohémiennes l'accostent, lui prennent la main, lui prédisent toutes sortes de bonheurs et comme vous le pensez bien, de la fortune (il y avait une certaine ligne qui le disait et ne mentait jamais); une vie longue et heureuse, comme l'indiquait une autre ligne, aussi véridique que la première. Ma mère écoutait ces belles choses avec un plaisir infini, et les croyait peut-être, lorsque la pythonisse lui dit: «Mademoiselle, approchez vos yeux; voyez-vous bien ce petit trait-là, celui qui coupe cet autre?--Je le vois.--Eh bien! ce trait annonce...--Quoi?--Que si vous ne prenez garde, un jour on vous dévalisera.» Oh! pour cette prédiction, elle fut accomplie: ma bonne mère, de retour à la maison, trouva qu'on lui avait coupé ses poches.

Qui est-ce qui raconte cet incident?--Quand a-t-il eu lieu?--Qui accompagnait la petite fille à l'église?--Quelles personnes se présentent devant elle?--Qu'est-ce qu'elles lui disent?--La petite fille a-t-elle cru les prédictions des bohémiennes?--Quelle prédiction s'est accomplie la première?

Écrivez cette histoire en 150 mots.

À quelle classe d'adjectifs appartient *jeune?*

Quels mots sont à peu près écrits comme les mots anglais?

GRAMMAR REVIEW.--LESSON VIII

Conjunctive pronouns.--Relative position of two pronouns (1) before, (2) after, the verb.

Examples

Il me les donne.	Permettez-le-moi.
Il le lui demande.	Donnez-leur-en.
Je vous en parlais.	Prêtez-m'en.
Leur en avez-vous parlé?	Menez-nous-y.
Ne leur en dites rien.	Allez-vous-en.
Je l'y ai envoyé pour le leur dire.	Etc.
Souviens-toi de cela; souviens-t'en.	

A. 1. Do you want my cane? Here it is. I will lend it to you. 2. I need my books; send them back to me when he gives[188] them to you. 3. The bearer of the letter gives it to her. 4. When he found the letter, he sent it to us. 5. Why don't you (familiar form) believe me when I tell you so?[189] 6. I went to the poet's house to look for my servant, and I found him there. 7. Send them there at once. 8. I shall send them there. 9. If she is pretty, talk to her about it,[190] if not,[191] don't talk to her about it.[192] 10. He has already told me something about it.[193] 11. Have you seen the gypsies? There were two of them[194] in front of the church; I spoke to them. 12. They predicted fortune for me, but I told them I didn't need it. 13. But they picked

[188] *future.*

[189] le.

[190] en

[191] si non.

[192] en

[193] en

[194] en

my pockets for[195] me. 14. The servant was leading him by the arm, as you may[196] imagine (it[197]). 15. If you have good oysters, give me two dozen (of them). 16. Give me also a dozen eggs. 17. There is a bullet in the wound; when you find[198] it, give it to me. 18. The gypsies tell her fine things, but she doesn't believe; them.

B. Word Study. In the following anecdote, substitute equivalents for expressions in italics.

39. LE DRAPEAU DU TAILLEUR

Un tailleur étant tombé *gravement* malade eut un *songe* des plus *bizarres*. *Il lui sembla* qu'il était *sur le point* de *mourir* et qu'il voyait se *dérouler à ses regards* un *énorme* drapeau, *formé* de *toutes les pièces* de *diverses* étoffes qu'il avait *volées* à ses clients. Au même *moment*, il se réveilla en sursaut, *baigné* d'une sueur *glacée*. Le tailleur *considéra* ce rêve comme un *avertissement* de sa conscience, et il fit vœu, s'il *guérissait*, de *remplir mieux* son devoir. II ne tarda pas à *se rétablir*, en effet, et comme il *se défiait de* lui-même, il prescrivit à un de ses *ouvriers* de *le faire ressouvenir du* drapeau *chaque* fois qu'il *couperait* un *habit*. Notre *homme*, pendant assez longtemps, fut fidèle a son vœu; mais un jour qu'il taillait un habit dans un drap *de grand prix*, sa vertu, mise à une trop *forte* épreuve, *échoua*. En vain son garçon, *essaya à plusieurs reprises* de lui rappeler le drapeau: «Tu m'ennuies avec ton drapeau, lui dit-il. *Au reste*, il n'y avait point *d'étoffe* de cette *nuance* dans celui que j'ai *aperçu* en songe.»

[195] *omit.*
[196] *omit.*
[197] le.
[198] *future.*

ANECDOTES

40. GARRICK ET L'INCONNU

Un homme en guenilles accoste un jour l'acteur Garrick en lui disant: «Salut, mon vieux!--Pardon, monsieur, lui répond l'acteur, vous vous trompez sans doute.--Mais voilà un accueil un peu froid! Est-ce que vous ne me reconnaissez pas?--Pas du tout, répond le grand homme.--C'est curieux! reprend l'homme aux haillons; nous avons pourtant joué bien des fois ensemble à Drury-Lane.--Impossible; et dans quelle pièce, je vous prie?--Dans Hamlet! Je jouais le rôle du coq, et j'ai même chanté trois fois dans les coulisses.»

> Quel homme l'acteur a-t-il rencontré un jour?--L'homme paraissait-il reconnaître l'acteur?--Quel accueil ce dernier lui a-t-il fait?--À quel titre le gueux se permettait-il de lui adresser la parole--L'acteur s'est-il rappelé avoir été le camarade de l'inconnu?--Quel rôle l'homme aux haillons avait-il joué autrefois au théâtre?
>
> Faires ce récit de mémoire.

41. LE COMTE DE GRAMONT

Le comte de Gramont fut un des plus spirituels personnages de la cour de Louis XIV, mais un type accompli de libertin. On conte de lui que, trouvant un jour deux de ses domestiques qui se battaient l'épée à la main, il voulut absolument en savoir la cause. L'un des deux lui avoua qu'ils lui avaient volé cinq louis d'or, et que la querelle venait de ce que son camarade voulait en avoir trois. «Tenez, dit le comte, en tirant un autre louis de sa poche, vous êtes de grands marauds de vous égorger ainsi pour un louis.»

> Quel homme le comte de Gramont était-il?--De quel démêlé a-t-il été un jour le témoin?--Y est-il intervenu?--De quoi s'agissait-il?--Comment a-t-il réglé le différend?

Employez les mots suivants dans des phrases: esprit, spirituel, spirituellement.

42. L'OFFRE TROMPEUSE

Les mots suivants étaient gravés sur la porte d'un beau jardin: «Je donne ce parterre à quiconque est content.» «Voilà bien mon affaire! dit tout bas un passant; je vais done posséder un terrain!» Là-dessus il court, plein de joie, s'adresser au propriétaire du jardin. «Que désirez-vous? demande celui-ci en le voyant paraître.--Je désire votre jardin. Mon droit à m'y établir me paraît incontestable, car je suis content de mon sort.--Erreur! mon bon ami: quiconque veut avoir ce qu'il n'a pas ne saurait être content. Reprenez votre chemin.»

Quelle inscription le passant a-t-il vue sur le mur?--Quelle idée lui est venue?--Chez qui a-t-il couru?--Quelle déception a-t-il eue?

Quelle est la morale de cette histoire?

Formez un ou deux autres mots de: jardin, content, posséder, sort, ami, chemin.

43. UNE DISTRACTION D'ARTISTE

Un peintre célèbre travaillait, sur un échafaudage élevé, à l'une des fresques qui ornent la coupole de Saint-Paul de Londres. La pensée entièrement absorbée par son travail, il oublie sa position, le petit espace où il est resserré, et il recule de quelques pas pour mieux juger de l'effet de son œuvre. Déjà il a atteint l'extrémité de l'échafaudage; encore un pas en arrière et c'en est fait! il va se briser sur les dalles de la nef, à deux cents pieds au-dessous! Un maçon était là qui vit l'imminence du danger; mais que faire? Appeler l'artiste, l'avertir? Le peintre, absorbé par sa contemplation, ne l'eût pas entendu! Se précipiter vers lui pour le retenir? C'eût[199] été reveiller un somnambule! Par une heureuse inspiration, plus prompt que l'éclair il saisit un pinceau et en barbouille la plus belle figure du chef-d'œuvre. L'artiste, furieux, s'élance sur lui: «Frappez, vous êtes sauvé!» dit l'ouvrier si heureusement inspiré. Deux mots d'explication changèrent la colère du peintre en une profonde reconnaissance.

Où le peintre travaillait-il?--À quoi pensait-il?--Pourquoi s'est-il reculé?--Qu'est-ce qui serait arrivé s'il avait fait un pas de plus?--Qui s'est aperçu du danger?--Pouvait-il appeler le peintre?--Le peintre l'aurait-il entendu?--Quelle inspiration le maçon a-t-il eue?--Qu'est-ce que le peintre a cru?--A-t-il été facile de lui

[199] Why subjunctive?

expliquer la situation?--A-t-il remercié le maçon?

Quels sont, dans cette histoire, les mots les plus usuels? Les plus difficiles?

44. LE MELON DE MAYENNE

Le duc de Mayenne, gros, gras et gourmand, était plutôt bon gastronome qu'habile général. A l'époque où il conduisait les troupes indisciplinées de la Ligue contre l'infatigable Henri IV, son extrême gloutonnerie l'a fait un jour battre à plate couture.

Il avait reçu de fort bons melons, d'apparence succulente, et achevait un copieux repas en faisant largement honneur à ces délicieuses cucurbitacées.

Déjà un nombre considérable de tranches s'étaient succédé dans l'estomac complaisant de ce nouveau Gargantua, quand on vint lui annoncer que la cavalerie de Henri IV, emportée par sa folle audace, s'était engagée dans un taillis inextricable. «Il faut, sans délai, lui courir sus, déclarèrent aussitôt tous les lieutenants du duc.--Attendez au moins que j'aie[200] fini mon melon,» répondit Mayenne. Et il fallut attendre. En vain insistait-on; en vain, à chaque minute, un officier accourait-il, la mine inquiète, pour supplier le duc de se hâter. «J'aurai bientôt fini,» répétait-il en continuant d'engloutir des bouchées énormes. Quand l'entêté mangeur se fut décidé enfin à quitter la table et qu'il eut donné le signal de l'attaque, le grog de l'armée ennemie s'était rapprochée, l'occasion était perdue. La bataille le fut aussi pour le plus négligent des Guises.

Quel était le faible du duc?--Était-il habile comme général?--Quelles troupes conduisait-il?--Qu'est-ce que c'était que la Ligue?--De quel malheur la gloutonnerie du duc a-t-elle été la cause un jour?--Quel cadeau avait-il reçu?--Y a-t-il fait honneur?--Qu'est-ce qu'on est venu lui dire?--Qu'est-ce qu'il aurait fallu faire tout de suite?--Pourquoi le duc n'est-il pas parti là-dessus?--A-t-il gagné la bataille?--Pourquoi?

Racontez cette anecdote en 200 mots.

Quels mots vous a-t-il fallu chercher dans le vocabulaire?

GRAMMAR REVIEW.--LESSON IX

Compound tenses.--*Avoir* and *être* as auxiliaries.--Agreement of past participles: *Avoir* verbs (all transitives and many intransitives).

---

[200] Why subjunctive?

Examples

Avoir verb: J'ai acheté des fleurs; avez-vous vu les fleurs que j'ai achetées?	I have bought some flowers; did you see the flowers that I bought?

Être verbs: reflexives, passives, and some intransitives (mainly verbs of motion); see Lessons X, XI, XII.

A. 1. If I had recognized the actors, I would have accosted them. 2. Those rôles are easy, I have played them lots of times. 3. Here are the five louis that[201] I stole from you. 4. I didn't know that you[202] had stolen five. 5. Did you see the words that[203] I carved on the door? 6. If I had possessed a garden, I would have been content. 7. The painter forgot his position. 8. If she had called them, they wouldn't have heard her. 9. They[204] are good troops, but they have been beaten more than once. 10. There are the melons which[205] I received. 11. I have run more than[206] a league.[207] 12. Have you eaten many melons? 13. The melons that[208] I have eaten were good. 14. When he had[209] left the table, the chance was lost. 15. He lost the battle, too, but he wouldn't have lost it if he had finished earlier. 16. When you finish[210] I shall have given the signal to attack. 17. I shall wait until she has[211] finished.

B. Use compound tenses, and substitute conjunctive pronouns for words in italics in the following exercise:

> 1. A ragged man met *the actors*. 2. Didn't he recognize the ladies? 3. The count has found *his servants* sword in hand. 4. They had stolen the *five louis d'or*. 5. He pulled *the money* from his pocket. 6. He showed[212] me *his gardens*. 7. I saw *the men* appear. 8. He has forgotten *his position*. 9. He reached *the end of the scaffolding*. 10. A mason has worked *at it*. 11. The artist didn't hear *the masons*. 12. The mason seized *the brush*. 13. The mason's explanation changed *his wrath* into gratitude. 14. He would have led *the troops* against Henry IV. 15. Henry IV's cavalry beat *his*

[201] que.
[202] *supply* en *after* vous. *agreement with* en?
[203] que.
[204] Ce.
[205] que.
[206] *what proposition?*
[207] lieue (f.).
[208] que.
[209] eut.
[210] *tense?*
[211] *subjunctive. Why?*
[212] montrer.

troops. 16. He had received *some good melons*.[213] 17. He left *the table*. 18. He had *lost the opportunity*.

[213] en, *partitive pronoun.*

ANECDOTES

45. IMPARTIALITÉ D'UN SOUVERAIN

Gustave III, roi de Suède, était un despote éclairé et aimait à faire justice de tout le monde, sans partialité. Un de ses courtisans lui dit un jour: «Je suis averti que tel forme des projets contre les jours de votre Majesté.» Mais le roi ne se laissait pas tromper si facilement. «Je suis averti, répond ce grand homme, que tel est votre ennemi. Allez vous réconcilier ensemble, et j'écouterai ensuite tout ce que vous viendrez me dire de lui.» Il est à regretter que les souverains de la trempe de Gustave soient[214] si peu nombreux.

De quelle façon Gustave III a-t-il régné?--Qu'est-ce qu'un de ses courtisans lui a dit un jour?--Le roi l'a-t-il écoute?--Quel conseil a-t-il donné au courtisan?--Dans quel but?--A-t-il bien fait, à votre avis?

Faites ce récit de mémoire. Quelle expression y a-t-il de venir une préposition?

46. LE GÉOGRAPHE ÉGARÉ

L'auteur d'un grand atlas se perdit un jour dans un bois. Après avoir erré pendant quelques heures, il fut tiré d'embarras par un fermier des environs. Ce dernier l'ayant mené sain et sauf à la maison, lui fit observer cependant qu'il était bien extraordinaire qu'un homme qui avait fait la carte du monde entier ne pût pas retrouver son chemin dans un petit bois.

Où l'auteur s'était-il égaré?--A-t-il retrouvé sans difficulté son chemin?--Qui lui est venu en aide?--Quelle observation le fermier a-t-il faite au cartographe?--Comment ce dernier aurait-il pu y répondre?

Quelle réflexion tirez-vous de cet incident? Quels synonymes

---

[214] Why subjunctive?

pour *bois, erré, mené, maison, chemin?*

47. LE POÈTE QUI SE JETTE DANS L'ENFER

Crébillon, poète tragique français, a été l'auteur de pièces, estimables, mais où le tragique touche souvent à l'horreur. On lui demandait un jour, après une représentation d'Atrée, pourquoi il avait adopté le genre terrible: «Je n'avais point à choisir, répondit-ll, Corneille s'était emparé du ciel, Racine, de la terre; et comme il ne restait plus que l'enfer, je m'y suis jeté à corps perdu.»

Dans quel genre Crébillon donnait-il?--Ses tragédies ont-elles été goûtées?--Pourquoi dit-il avoir préféré les sujets horribles?--Crébillon valait-il Corneille et Racine?

48. LE JARDINIER À L'OMBRE

Un fermier, se promenant dans son jardin, surprit son jardinier endormi sous un arbre. «N'êtes-vous pas honteux lui dit-il, de vous abandonner ainsi au sommeil, tandis que vous devriez être à l'ouvrage? Un paresseux comme vous est indigne de jouir de la lumière du soleil.--C'est précisément pour cette raison, repartit le jardinier, que je me suis mis à l'ombre.»

Où le fermier se promenait-il?--Qui a-t-il trouvé dans le jardin?--Que faisait cet homme?--Quel reproche le fermier lui a-t-il adressé?--Comment l'ouvrier s'est-il justifié de s'être mis à l'ombre?

Nommez les verbes irréguliers dans cette histoire.

49. L'HOMME QUI N'A PAS PU SE NOYER

Un domestique tenta de se noyer; son maitre, qui s'en aperçut, arriva à temps pour le sauver. Le maître, qui allait en ville pour affaires, ordonna à un de ses gens d'avoir l'œil sur le domestique pendant son absence, et de l'empêcher, dans le cas où il voudrait récidiver. Le malheureux ne pouvant se noyer, prit le parti de se pendre. Le maître, de retour, surpris de ce que l'autre ne l'en avait pas empêché, lui en fit de violents reproches. Celui-ci lui répondit: «Ma foi, monsieur, j'ai cru qu'il s'était mis là pour se sécher.»

Qui voulait se suicider?--Qui est-ce qui l'en empêchait?--Quelle précaution le maître a-t-il prise contre une nouvelle tentative?--Et avec quel succès?

50. LE DOMESTIQUE DE L'INVALIDE

Un vieux soldat de l'empire avait laissé sur le champ de bataille ses quatre membres principaux, et avait dû les remplacer, tant bien que mal, artificiellement. Le tourneur de son village s'était chargé de la chose; car l'art d'articuler un membre artificiel n'était pas arrivé à la hauteur qu'il a atteinte de nos jours. Chaque soir, le vieil invalide se débarrassait de ses membres inutiles pour se mettre au lit.

Un jour, il changea de domestique. Le nouveau garçon qui le soignait ne connaissait pas routes le infirmités dont son maître était affligé.

Le soir venu: «Tiens, lui dit-il en lui tendant le bras, tire-moi ce bras.» Et le bras resta entre les mains du garçon: c'était un bras de bois. Mais jugez de son étonnement quand l'invalide, présentant tous ses membres l'un après l'autre, ne cessait de lui dire: «Tire-moi cette jambe; tire-moi l'autre.» Le pauvre garçon se mit à trembler de se trouver en face d'un homme de bois, qui n'avait que le tronc, et qui semblait posé sur la chaise, devant lui, comme un de ces antiques dieux de pierre, dont le temps avait mutilé les membres.

Mais ce n'est pas tout; le vieux soldat, voulant se réjouir jusqu'au bout de la frayeur qu'éprouvait le garçon, tendit le cou en lui disant: «Maintenant, tire-moi la tête.»

Pour le coup, le malheureux domestique, épouvanté, se mit à pousser un cri de terreur, et s'enfuit à toutes jambes.

Où le soldat avait-il laissé ses quatre membres?--Les a-t-il remplacés?--Qui s'est chargé de la chose?--Le soldat se débarrassait-il quelquefois de ses membres artificiels?--Qui lui servait de valet?--Savait-il les infirmités de son maître?--Racontez l'incident qui a eu lieu quand le soldat se disposait à se coucher.

Écrivez cette histoire en 200 mots.

Changez en adjectifs ou en adverbes les mots soulignés.

GRAMMAR REVIEW.--LESSON X

Compound tenses.--Agreement of participles: Reflexive verbs.

Examples

Elles se sont lavées.	They have washed themselves.
Elles se sont lavé les mains.	They have washed their hands.
Ils se sont écrit des lettres.	They have written each other letters.
Voici les lettres qu'ils se sont écrites.	Here are the letters that they wrote each other.

A. 1. We have gotten rid of our servant. 2. She had already gone to bed. 3. I began[215] to tremble. 4. The soldiers had fled. 5. The boys have gotten lost in the woods and have not yet found their way. 6. Corneille and Racine have appropriated heaven and earth, that's[216] why I have cast myself into Hades. 7. We have been taking a walk. 8. I thought she had drowned herself. 9. They became aware of the absence of the servant. 10. The wretches would have hung themselves, if they had been able. 11. She found herself before a wooden man, and she fled. 12. Why have you given yourself up to sleep? 13. Where did you (*plur. fem.*) go walking this evening? 14. The two courtiers have become reconciled.[217] 15. We took a walk. 16. She has not been deceived.[218] 17. It is to[219] be regretted[220] that they have[221] not become reconciled.[222] 18. It is extraordinary that you have[223] gotten lost.[224]

B. Word Study. Use the following words in the proper spaces in the exercise below:

(*a*) avant, devant, avancer, devancer, avantage, désavantage, avantageux, auparavant, avance, avant-bras, avant-poste, davantage.

1. Il y a un grand arbre ---- notre maison. 2. Le bateau n'---- pas. 3. Régnier a ---- Molière. 4. Il s'approche d'un ---- de l'ennemi. 5. Son père était mort quelques mois ----. 6. Quel ---- n'a pas un discours prononcé sur un ouvrage qui est écrit! 7. C'est assez; ne m'en dites pas ----. 8. On lui a fait des conditions ----. 9. ---- de partir, dites-lui adieu. 10. Il s'est fait mal à l'----. 11. Nous avons le ---- de la position. 12. Pour entrer, il faut payer d'----.

(*b*) beau, bel, belle, beauté, beaucoup, beau-père, beaux-arts, belle-mère.

1. Ma femme est la fille de mon ----. 2. Ma ---- est la mère de mon mari. 3. Elle n'est pas très ----. 4. La musique et la sculpture sont des ----. 5. Mon frère n'est pas un ---- homme. 6. Mais j'admire la ---- de son caractère. 7. Mon cousin est très ---- mais ma cousine n'est pas ----. 8. Je les aime ----.

---

[215] se mettre.
[216] voilà.
[217] se réconcilier.
[218] se tromper.
[219] à
[220] *Active infinitive.*
[221] *Subjunctive. Why?*
[222] se réconcilier.
[223] *Subjunctive. Why?*
[224] s'égarer.

(*c*) connaître, connaisseur, connaissance, reconnaître, se connaître (à).

1. Un ---- est celui qui ---- à quelque chose, à art, par exemple. 2. Je ---- cet homme; il a beaucoup de ----, mais peu de vrais amis. 3. Nos amis sont faciles à ----.

ANECDOTES

51. LE NEZ ET LES YEUX

Ennuyé de porter lunettes, le ministre de l'odorat dit aux yeux: «C'est pour vous que ces dames sont faites; je me lasse enfin de leur servir de bât.» Il vous les jette à ces mots dans la rue. Qu'advient-il? Que les yeux, privés de guides sûrs, donnent contre les murs, où le nez aplati reconnaît sa bévue.

Quelle est la moralité de cette fable?

52. PLUS DE DANGER

Il pleuvait à torrents. Un garçon sortait d'une maison pour aller à la ferme voisine. Un fermier qui rentrait en hâte l'aperçut et lui cria: «N'as-tu pas peur d'aller dans les champs au milieu de cet orage?--Non, pas à présent.--Pourquoi pas à présent?--Parce que le maître d'école dit que, d'après la statistique, la foudre ne frappe qu'une seule personne par an dans ce voisinage, et cette seule personne à déjà été frappée. Par conséquent, je me moque pas mal de la fondle à présent.»

Quel temps faisait-il?--Où le garçon se rendait-il?--Qui l'a aperçu?--Qu'est-ce qu'il a demandé au garçon?--Pourquoi le garçon n'avait-il pas peur de la foudre?

53. PROFESSION DANS LAQUELLE LES FAUTES SONT CACHÉES

Un peintre, dont le talent était fort médiocre, embrassa la profession de médecin. Comme on lui en demandait la raison: «Dans la peinture, répondit-il, toutes les fautes sont exposées à la vue; mais dans la médecine, elles sont enterrées avec le malade.»

Le peintre avait-il beaucoup de talent?--Quel changement de carrière a-t-il fait?--Quel est l'inconvénient de la peinture?-Ce

désavantage s'attachait-il également à la profession de médecin?-
-Est-ce que vous savez ce que Sganarelle a dit à ce propos dans le «Médecin malgré lui» de Molière?

Faites ce récit de mémoire.

54. LA BÊTE FÉROCE

Deux ménageries arrivèrent, en même temps, dans une ville de province. L'une était dirigée par un nommé Carl Strong, l'autre par sa femme, et chacun, d'habitude, travaillait pour son compte. Mais ayant décidé d'un commun accord de réunir les deux ménageries, le mari se chargea de la rédaction des affiches, qu'il fit placarder sur tous les murs de la ville. En voici une phrase copiée textuellement: «Vu l'arrivée de ma femme, ma collection de bêtes féroces se trouve considérablement augmentée.»

Les deux ménageries avait-elles été dès le commencement sous une même direction?--Quelle circonstance a amené la réunion des deux spectacles?--Quelle besogne le mari a-t-il prise sur lui?--Pourquoi les affiches ont-elles excité le rire?--Le mari savait-il l'art de tirer profit d'une habile réclame?

55. VASISTAS

On appelle ainsi une ouverture pratiquée dans une porte, ou une sorte de judas permettant de répondre aux visiteurs sans ouvrir la porte. On dit que ces fenêtres ont été baptisées de la sorte par les soldats français, au cours d'une expédition en Allemagne. Dans les villages traversés à l'improviste par eux, les habitants se précipitaient à ces fenêtres en criant: «Was ist das?» et il n'en fallut pas plus aux troupiers pour inventer un nouveau vocable.

Qu'est-ce qu'un vasistas?--À quoi sert-il?--À quelle époque ce mot a-t-il été forgé?--Par où les soldats passaient-ils?--Quel spectacle s'est présenté à leurs yeux?--Quel cri ont-ils entendu?--Quelle application ont-ils faite de cette phrase?

Inventez une petite histoire à propos du mot: vasistas.

56. LE DÎNER SANS PAIN

Un jour, Louis XII apprit qu'un grand seigneur avait battu un laboureur. Il mande aussitôt le coupable et, sans rien témoigner, le retient à dîner. On sert à ce seigneur un repas splendide, tout ce qu'on pent imaginer de meilleur, excepté le pain, que le roi a défendu de lui donner. Le seigneur s'étonne, il ne peut concevoir un pareil mystère. Cependant le roi vient à passer, et s'adressant à son hôte: «Eh bien! lui dit-il, vous a-t-on bien traité?--Sire, on m'a servi un repas magnifique, mais je n'ai point dîné: pour se nourrir, il faut du pain.--Allez, répond alors le roi avec un front sévère, tâchez de comprendre la leçon que je viens de vous donner: et puis-qu'il vous faut du pain pour vivre, songez, monsieur, à bien traiter une autre fois ceux qui le font venir.»

Quelle faute le seigneur avait-il commise?--Qu'est-ce que le roi a fait?--Qu'est-ce qu'il a défendu de donner à son hôte?--Celui-ci s'en est-il étonné?--Comment le roi a-t-il expliqué la chose au seigneur?

Écrivez cette histoire en 150 mots.

57. VENGEANCE INGÉNIEUSE

Beaumarchais, que son talent éleva à une brillante situation, était le fils d'un modeste horloger. Ses ennemis,--et son esprit frondeur lui en avait créé beaucoup à la cour,--se plaisaient, pour le mortifier, à rappeler à tout propos son humble origine. Il fut un jour abordé, au milieu du palais de Versailles, par un seigneur qui se proposait de l'humilier. «Monsieur Beaumarchais, lui dit ce personnage, il faut que je vous demande[225] un service. Vous devez vous connaître en horlogerie, et voici ma montre qui marche d'une façon fort irrégulière. J'ai idée qu'elle ne sera bien réparée que par vous seul.--Oh! monsieur le marquis, répondit le spirituel auteur du «Barbier de Séville,» je suis bien maladroit!--Il n'importe, voyez toujours ce bijou, je vous prie.--Mais je regretterais beaucoup qu'il lui arrivât[226] malheur entre mes mains.--Vous vous montrez trop modeste.»

Ainsi pressé, Beaumarchais prend la montre, feint de l'examiner, et, par un mouvement de maladresse calculé, laisse tomber à terre le bijou, qui se brise. «Mille pardons, fait alors notre auteur avec un malin sourire. Je vous disais bien que je suis d'une insigne maladresse!» Là-dessus, il tourne les talons, laissant couvert de confusion celui qui voulait le mystifier. On est souvent trompé par ceux que l'on se propose de berner.

Quel rang Beaumarchais a-t-il atteint dans le monde des hommes de lettres?--Quelle était son origine?--S'est-il créé des ennemis?--Comment tâchaient-ils quelquefois de le mortifier?--Qui l'a accosté un jour à la cour?--Quelle faveur-lui a-t-il demandée?--Comment Beaumarchais l'a-t-il reçu?--Quelle allusion le personnage a-t-il faite à l'humble origine de l'auteur?--Comment celui-ci s'est-ii vengé?

[225] Why subjunctive?
[226] Why subjunctive?

Expliquez, en français, les mots les plus difficiles de cette histoire.

Racontez une autre histoire semblable à celle-ci.

GRAMMAR REVIEW.--LESSON XI

Compound tenses.--Agreement of participles: passive voice.--Substitutes for the passive.

Les portes n'ont pas encore été ouvertes.	The doors have not yet been opened.
Ce livre se publie à Paris.	This book is published in Paris.
On le vend partout.	It is sold everywhere.

A. 1. My enemies have been humiliated. 2. I have been asked a favor (use *on* construction). 3. I was accosted one day by a friend. 4. The watch was repaired by the watchmaker. 5. She was covered with confusion. 6. You have been fooled by somebody. 7. This menagerie is managed by my wife. 8. I have been charged with the matter[227] by my husband. 9. The collection of wild animals has been enlarged. 10. An opening has been made in the wall. 11. The door was opened by a servant. 12. A new word has been invented. 13. She had taken charge of the menagerie. 14. All my mistakes are exposed. 15. The plowman was beaten. 16. The guest was well treated. 17. No bread was served to him. 18. I was not struck by lightning. 19. It is said that he had many enemies. 20. This watch will have to be fixed.

B. Word Study. In the following anecdote, substitute equivalents for words in italics:

58. LES DEUX ENSEIGNES

Un *barbier* de je ne sais plus quel *endroit*, dont le talent consistait à faire la barbe et à *tailler* les cheveux, avait *imaginé*, pour achalander sa boutique, de *peindre*, sur une enseigne, un homme qui se noyait. Un nageur *bienfaisant* va pour le tirer du perfide élément, et croit le sauver en le *prenant* par les cheveux; mais il ne lui reste à la main qu'une perruque et le pauvre diable *descend* au fond de l'eau. Aussi l'enseigne portait-elle en *gros caractères*: «*Au désavantage* des perruques.»

L'exemple était trop *juste* pour qu'il ne produisît pas *l'effet* désiré. Un barbier du même endroit, qui faisait, lui, des perruques, voyant tous les amateurs *terrifiés* courir à son confrère le tondeur, *se hâta* de fabriquer aussi une enseigne parlante. Il y fit *représenter* Absolon mourant *accroché* aux branches d'un arbre, autour desquelles ses cheveux s'étaient *entortillés*, et il écrivit au-dessous ces *mots*: «S'il

[227] chose (f.).

avait *eu* une perruque!»

L'histoire ne dit pas *quelle fut l'issue* de cette *lutte* originale. À en juger par le présent, les perruques *perdirent le procès*. Leur tour pourra revenir. *Patience!* la mode a opéré tant d'autres *miracles*.

ANECDOTES

59. VAN DYCK ET RUBENS

Van Dyck était élève de Rubens. Un jour que ce dernier était sorti pour prendre l'air, Van Dyck et ses camarades s'approchent de deux tableaux que Rubens venait d'ébaucher. En se poussant mutuellement pour voir de plus près, l'un d'eux tombe sur les ébauches et les efface. Comment faire pour éviter les reproches du maitre à son retour? «Il faut, dit l'un d'eux, que le plus habile d'entre nous tâche de réparer ce malheur: je donne ma voix à Van Dyck.»

Ses camarades applaudissent. Van Dyck se met à l'œuvre. Il imite de son mieux le faire de Rubens, qui revient au bout de trois heures. Rubens porte les yeux sur ce qu'il croit ses ébauches, et dit à ses élèves inquiets: «Ce n'est pas là ce que j'ai fait de plus mauvais en ma vie!»

> Van Dyck connaissait-il Rubens?--Pourquoi Rubens était-il sorti une fois?--Qu'est-ce que ses élèves voulaient voir?--Quel malheur est arrivé?--Comment fallait-il tâcher de le réparer?--Qui s'est chargé de le faire?--Y a-t-il réussi?--Rubens s'est-il douté de quelque chose quand il est rentré?
>
> Faites ce récit de mémoire. Racontez quelque chose de la vie de ces deux artistes.

60. UN BEAU TRIOMPHE

La célèbre cantatrice australienne, Madame Melba, raconte l'anecdote suivante:

Lors de mon dernier séjour a New-York, j'étais descendue au Savoy Hôtel. Un jour, en repassant mon rôle de la reine dans «Les Huguenots» je travaillais mes vocalises et mes trilles, quand tout à coup je fus interrompue. J'ouvris vivement ma porte et j'aperçus un tout petit bébé de trois ans à peine, courant dans le corridor en criant tout excité: «Maman, maman! petit oiseau, petit oiseau!» C'est le plus beau de tous mes triomphes, ajoute la charmante femme.

Quel rôle Mme Melba jouait-elle à New-York?--Où était-elle descendue?--Qu'est-ce qu'elle était en train de faire un jour dans sa chambre?--Quelle interruption y a-t-il eu?--Y a-t-elle fait attention?--Qu'est-ce qu'elle a vu dans le corridor?--Quel effet son chant avait-il produit?--Mme Melba en est-elle demeurée touchée?

61. L'ORDONNANCE SINGULIÈRE

Il y avait à Paris un vieux médecin qui n'aimait point qu'on vînt[228] le déranger la nuit. Une fois qu'on était venu le faire lever à minuit, il était rentré à une heure, de fort mauvaise humeur. À peine s'était-il recouché qu'il entendit retentir la sonnette. Pour le coup, c'était trop fort. «Qu'y a-t-il? s'écria-t-il avec colère.--Docteur... vite!... Mon fils vient d'avaler une souris! répondit d'en bas une voix inconnue.--Eh bien! dites-lui d'avaler un chat et laissez-moi tranquille...» fit le docteur en se recouchant.

Où le médecin habitait-il?--Aimait-il qu'on le dérangeât la nuit?--À quelle heure est-on venu le chercher une fois?--Était-il rentré déjà?--Était-il en bonne humeur?--Que lui voulait-on?--Était-ce une connaissance qui le cherchait?--Quelle ordonnance a-t-il faite à son client inconnu?

Signalez les idiotismes dans cette histoire.

62. RÉPONSE D'UN MATELOT

Comme un matelot s'embarquait pour un voyage de long cours, un de ses amis lui dit: «Je m'étonne que vous osiez[229] vous mettle en mer, sachant que votre père, a péri dans un naufrage, et que votre grand-père et votre bisaïeul ont éprouvé le même sort.--Mon ami, reprit le matelot, où votre père est-il mort?--Dans son lit, de même que tous mes ancêtres.--Hé! comment osez-vous donc vous mettre au lit, puisque votre père et vas ancêtres y sont morts?»

Quel voyage le matelot devait-il faire?--Quelle raison aurait-il eu de redouter les voyages sur mer, selon l'opinion de son ami?--Comment ses ancêtres avaient-ils tous péri?--Le matelot se laissait-il effrayer de leur sort?--Pourquoi les marins sont-ils tous un peu fatalistes?

Donnez une périphrase de ces mots: ami, mer, lit, ancêtre.

[228] Why subjunctive?

[229] Why subjunctive?

63. LA VISITE DU PASTEUR

Un homme était dangereusement malade, et sur la prière de sa femme, un pasteur était venu le voir. Comme le pasteur sortait de la chambre, il aperçut la femme du pauvre homme. «Je viens de dire de bonnes paroles à votre mari, ma bonne dame, et j'espère que l'état de son âme aidera à son rétablissement. Mais pourquoi ne venez-vous pas à man église? Nous allons à la chapelle de M. B----, mon révérend.--Alors, pourquoi m'avez-vous envoyé chercher, moi, au lieu de M. B----?--Ah! monsieur, nous aimons beaucoup M. B----, et je n'ai pas osé le faire venir dans un cas comme celui-ci, car mon mari a une forte attaque du typhus!»

En quel état se trouvait le monsieur?--Qui avait-on envoyé cher-cher?--Ce dernier s'est-il dépêché de venir?--Que dit-il ensuite à la bonne dame?--Qu'est-ce qu'il espérait?--Est-ce qu'il se rappelait avoir vu ces gens à son église?--Pourquoi l'avait-on fait venir, lui, plutôt qu'un autre?

Faites ce récit de mémoire. Que savez-vous de la vie de Pasteur?

64. QUI VEUT LA FIN VEUT LES MOYENS

La femme d'un habitant de Nantes, morte il y a quelques années, lui laissa par testament une rente viagère de vingt mille francs pour tout le temps qu'il resterait veuf, ajoutant qu'au cas où il se remarierait cette somme reviendrait aux enfants de la première femme.

Des difficultés pécuniaires survinrent, suivies de la banqueroute, et il fut proposé de saisir le viager au bénéfice des créanciers. Là-dessus, notre homme part pour Paris, épouse une pauvresse de quatre-vingt-sept ans, la quitte au Bureau des Mariages, et s'en retourne à Nantes, d'où il lui envoie promesse d'une pension pour le reste de ses jours. De cette façon, les vingt mille francs vont à ses enfants et les créanciers ne peuvent toucher un sou.

Qu'est-ce qu'une rente viagère?--De qui le monsieur avait-il hérité?--À quelle condition?--Les affaires du monsieur ont-elles continué de marcher bien?--Comment a-t-il fait pour empêcher ses créanciers de saisir son viager.

Employez les mots soulignés dans une phrase.

GRAMMAR REVIEW.--LESSON XII

Compound tenses.--Agreement of participles: Intransitive verbs conjugated with *être*.

Example

Les dames sont parties bier.	The ladies left yesterday.

A. 1. A lady has come to see you. 2. They have gone to church. 3. When I arrived, she had already gone out of the patient's room. 4. They have gone out to get some[230] fresh[231] air.[232] 5. His comrades came back at the end of three hours. 6. She would have fallen, if she had gone out. 7. They stopped at the Savoy Hotel. 8. The doctor and his wife came home[233] at midnight. 9. The singer had gone back to bed.[234] 10. All the sailor's ancestors had died in bed. 11. When his wife died, he remained a[235] widower two years. 12. Financial difficulties have arisen, and they have left for Paris. 13. She has gone to get the doctor. 14. When he arrives,[236] the lady will have died. 15. They would have left the chapel, if he and his daughter had not come at[237] that moment. 16. If he had not gone out, he would not have fallen. 17. They will have returned soon.[238] 18. It is necessary that you go[239] out for[240] air.[241] 19. I am astonished that your mother is[242] gone.

B. 1. Rubens had gone out to walk. 2. His comrades had not gone out. 3. They had stayed to look at the pictures. 4. They had drawn near[243] the pictures that Rubens had sketched. 5. They pushed each other. 6. One of them fell on the sketches and effaced them. 7. But they avoided the reproaches of their master. 8. One of them offered[244] to repair the misfortune. 9. The others applauded. 10. Van Dyck went to work. 11. Rubens returned after several hours. 12. He cast his eyes on the pictures that Van Dyck had sketched. 13. He thought that they[245] were his own[246] sketches. 14. He said that they were the best that he had ever done.

---

[230] *omit*
[231] *omit*
[232] *use definite article*
[233] rentrer.
[234] se recoucher.
[235] *omit*
[236] *tense?*
[237] en.
[238] bientôt.
[239] *subjunctive. Why?*.
[240] pour prendre.
[241] *use definite article*
[242] *subjunctive. Why?*.
[243] s'approcher de.
[244] offrir.
[245] ce.
[246] propres.

ANECDOTES

65. UNE LEÇON DE PHILOSOPHIE

Un villageois fit étudier son fils, qui vint le visiter lorsqu'il étudiait en philosophie; son père lui ayant demandé de mettre cuire six œufs, deux pour lui-même, deux pour sa mère, et deux pour lui, le fils, pensant lui donner un plat de sophisme, n'en mit que trois. Le père, lui ayant fait observer qu'il lui avait demandé d'en mettre six: «Aussi l'ai-je fait,» dit le sophiste; et pour en faire la démonstration, tirant le premier, il lui dit: «En voilà un»; au second: «En voilà deux; or deux et un font trois»; au troisième: «En voilà trois; or trois et trois font six.»--«Cela est vrai, dit le père; en voici donc deux pour moi, ta mère se contentera bien d'un; prends, toi qui es jeune et qui as meilleur appétit, les trois autres pour ton repas.»

> Le villageois qu'est-ce qu'il a fait faire à son fils?--Le fils revenait-il de temps en temps voir ses parents?--Qu'est-ce que son père l'a prié de faire, une fois qu'il était en visite chez lui?--Le garçon a-t-il bien exécuté l'ordre de son père?--Comment a-t-il voulu prouver qu'il avait bien fait?--Est-ce que le père s'est montré aussi habile sophiste que le fils?
>
> Racontez en 100 mots cette histoire.

66. "ÇA NE ME REGARDE PAS"

Un curé faisait un sermon sur les peines de l'enfer. Tout son auditoire fondait en larmes. Un gros rustre qui était appuyé contre un pilier de l'église était le seul qui ne pleurât[247] pas. Le curé le remarqua: «Et toi, lui dit-il, pourquoi ne pleures-tu pas comme les autres?--Moi, répondit le paysan, je ne suis pas de la paroisse.»

> De quai le curé parlait-il?--Les auditeurs étaient-ils touchés?--Où se tenait le paysan?--Est-ce qu'il paraissait très ému?--Lui a-t-on reproché son insensibilité?--Pourquoi ne pleurait-il pas?

[247] Why subjunctive?

Quel verbe ressemble à *pleurer?*

67. IMPOSSIBLE

La scène se passe dans un bal. Adossé à la cheminée, un danseur étouffe un baillement.

«Vous vous ennuyez, monsieur? demande un voisin.--Oui, monsieur, et vous?--Moi de même.--Alors si nous nous en allions?--Je ne peux pas, moi, je suis le maître de la maison.»

Développez un peu cette histoire.

68. LE PETIT ET LE GRAND VOLEUR

Un pirate, étant interrogé par Alexandre le Grand de quel droit il infestait les mers, lui répondit: «Avec le même droit que tu infestes le monde: la seule différence est que moi, parce que je le fais avec un petit bâtiment, on m'appelle voleur, et que toi, parce que tu le fais avec une grande armée, on t'appelle empereur.»

Quelle réputation Alexandre le Grand a-t-il acquise?--Quelle discussion a eu lieu entre l'empereur et un pirate?--Le pirate voyait-il une différence fondamentale entre son métier et celui du grand conquérant?--Avait-il raison ou non?

Donnez votre idée de la morale de cette historiette.

69. LE JEU D'ESPRIT

La duchesse de Maine, femme de Louis Auguste de Bourbon, tint dans son château de Sceaux un salon politique. On s'amusait un soir chez elle à un jeu d'esprit, qui consistait à indiquer entre divers objets des ressemblances, ou des différences. Lamothe entra. «Quelle différence? lui dit la princesse, y a-t-il de moi à une pendule?--Madame, une pendule marque les heures, et Votre Altesse les fait oublier.»

Où la duchesse de Maine habitait-elle?--De quel monde était-elle généralement entourée?--Comment s'amusait-on un soir chez elle?--Qu'est-ce qu'un jeu d'esprit?--Quelle question la princesse a-t-elle posée à Lamothe?--Quel joli compliment lui a-t-il fait?

Savez-vous d'autres jeux d'esprit?

70. LA DECOUVÉRTE

On demandait à un monsieur, chez lequel des voleurs avaient pénétré pendant la nuit précédente, si sa femme avait regardé sous le lit, à la façon bien connue de son sexe. «Oui, répondit ce monsieur, et elle y a trouvé un homme.--Ah! vraiment! un des voleurs, sans doute? se hâta de demander son interlocuteur.--Non, lui dit le mari, vous vous trompez; c'était moi.»

71. LES FATS TROUVENT PARFOIS À QUI PARLER

Henri IV, roi de France, rencontra un jour dans les appartements du Louvre un homme qui lui était inconnu, et dont l'extérieur paraissait très commun. Il lui demanda à qui il appartenait. «J'appartiens à moi-même, lui répondit cet homme d'un ton fier et peu respectueux.--Mon ami, repartit le roi, vous avez un sot maître.»

> Quelle rencontre le roi a-t-il faite?--Sa curiosité s'est-elle éveillée?--Comment a-t-il abordé l'inconnu?--Celui-ci a-t-il dû reconnaître le souverain?--Quelle réponse a-t-il faite à la demande du roi?--Le roi que lui a-t-il répondu à son tour?
>
> Faites ce récit de mémoire.

72. LA LAIDEUR DU PRINCE DE CONDÉ

Un prince de la maison de Condé, branche collatérale de celle de Bourbon, était bossu et laid. Un jour, se promenant dans les rues de Paris, il rencontre un paysan, l'arrête par le bras, se jette à son cou, et l'embrasse de toutes ses forces. Celui-ci, ébahi, lui demande la raison de cette exubérance. «Oh! mon ami, dit le prince, c'est que vous êtes plus contrefait et plus laid que moi; je vous dois des remerciements.» Pour lui le proverbe se transformait: On a souvent besoin d'un plus laid que soi.

> Où le prince de Condé se promenait-il un jour?--Qui a-t-il rencontré?--Comment l'a-t-il accosté?--L'autre s'en est-il étonne?--Quels titres le paysan avait-il aux remerciements du prince?
>
> Écrivez en 100 mots cette histoire.

GRAMMAR REVIEW.--LESSON XIII

Disjunctive pronouns.

Examples

Avec moi; chez eux; par lui.	With me; at their house; by him.
Moi, je pense comme eux.	*I* think like *they* (do).
C'est lui qui l'a fait.	It is he who did it.

Non, ce sont eux.	No, it is they.
Qui est là? Moi.	Who is there? I.
Lui-même me l'a dit.	He himself told me so.
Eux seuls auraient pu le faire.	They alone could have done it.
Lui et moi nous étions ensemble.	He and I were together.

A. 1. I am named Jean and he is named Pierre. 2. You and I are going to be questioned by the emperor. 3. What a difference there is between[248] you and[249] her. 4. As[250] for[251] them, they have no brains.[252] 5. He amuses himself more easily than I. 6. I found some burglars at my house last night.[253] 7. When I came[254] home, my husband asked me if it was really[255] I. 8. It is they (*feminine*) who were mistaken. 9. I myself looked under the bed. 10. You answered him yourself. 11. I am homelier than you, but you are both[256] pretty[257] homely yourselves. 12. Put on six eggs, three for us, and three for yourself. 13. Is it[258] for me or for her? 14. He alone, of all the audience, did not weep. 15. I, your best friend, forget you? Impossible! 16. They, also, were at church. 17. He could go, but she couldn't, because she had people[259] at her house. 18. Are you bored? Same with me.

B. 1. Word Study. Use the following words in the proper spaces in the exercise below:

(*a*) chanter, chant, chanteur, chanson, cantatrice, cantique.

Ce ---- bien. J'aime le ---- des oiseaux. La Malibran fut la première ---- de son temps. À l'église nous ---- des ----. En France, tout finit par des ----.

(*b*) bonheur, bonhomie, bonhomme, bonjour, bonne, bonté, bon.

Mon père est très ---- pour moi. Le ---- parfait n'existe pas. Quel est ce ----, Je ne le connais pas. Il montre une feinte ---- sous laquelle se cache sa finesse. Il venait me dire le ----. Sa ---- est intarissable. Nous avons besoin d'une ---- (à tout faire).

---

[248] de.
[249] à.
[250] *omit.*
[251] *omit.*
[252] esprit.
[253] cette nuit.
[254] rentrer.
[255] bien.
[256] tous deux.
[257] assez.
[258] ce.
[259] du monde.

(*c*) habit, habitude, habitant, habiter, habituer, inhabité, habituel, habitué.

C'est un désert ----. Mon frère a l'---- de porter un ---- noir. Les ---- de cette ville se sont ---- au bruit. Nous ---- à Paris depuis plusieurs ans. L'inconduite ---- de ce garçon me déplaît. C'est un ---- de ce café, on l'y voit tous les soirs.

ANECDOTES

73. L'HOMME QUI FAIT MARCHER DROIT

Le célèbre satirique Pope était bossu et avait les jambes torses. Le roi d'Angleterre l'apercevant un jour dans une rue de Londres, dit à quelques-uns de ses courtisans: «Je voudrais bien savoir à quoi nous sert ce petit homme qui marche de travers.» Le propos étant rapporté sur-le-champ à Pope, il répondit: «À vous faire marcher droit.» En effet, ce poète a exercé sur son temps une réelle suprématie littéraire.

Quels défauts physiques le célèbre écrivain avait-il?--Qui l'a aperçu un jour?--La curiosité du roi s'est-elle éveillée?--Comment l'a-t-on renseigné?--Quelle a été l'influence de Pope?

Racontez cet incident en 100 mots.

74. LA PAYSANNE ET SA NOUVELLE PLACE

Une paysanne avait réussi à se louer à la ville; plus tard elle est revenue faire une visite chez les siens. «Eh bien! Jeannette, lui dit-on, vous habituez-vous à votre nouvelle place?--Je n'ai pas à me plaindre; mais je crois que Madame a le cerveau un peu fêlé. Elle me dit toujours de parler à la troisième personne, et nous ne sommes que deux!»

Quelle place la paysanne avait-elle trouvée?--Est-elle restée longtemps loin de son village?--Comment se plaisait-elle à la ville?--Est-ce qu'elle s'entendait assez bien avec sa maîtresse?--Quel avertissement la dame lui avait-elle donné--Est-ce que la paysanne est parvenue à s'expliquer cette manie de Madame?--À quai l'attribuait-elle?

Quels autres verbes se conjuguent comme *plaindre?*

75. SENSIBILITÉ DÉPLACÉE

Une femme qui se piquait d'avoir le cœur extrêmement tendre, disait un jour à son boucher: «Je ne comprends pas comment on peut choisir une si odieuse profession que la vôtre. Comment pouvez-vous avoir la cruauté de mettre à mort ces pauvres agneaux?--Madame, lui répondit le boucher étonné, est-ce que vous aimeriez mieux les manger vivants?»

Quel faible la bonne femme avait-elle?--Quel reproche a-t-elle fait a son boucher?--Comment lui a-t-il donné à penser?

Savez-vous une autre expression pour: mettre à mort, et aimer mieux?

76. BARUCH

On entend parfois prononcer cette phrase énigmatique: «Avez-vous lu Baruch?» En voici l'origine:

Un jour que Racine avait mené La Fontaine à l'office du soir, il lui mit dans les mains un volume de la Bible. La Fontaine tomba sur la belle prière des Juifs, dans le prophète Baruch. Plein d'admiration, il s'empressa de dire à Racine: «Quel était donc ce Baruch? C'était un beau génie!» Et les jours suivants, il disait à toutes les personnes qu'il rencontrait: «Avez-vous lu Baruch?» Depuis, cette interrogation s'emploie quand on a l'esprit rempli d'une chose que l'on considère comme une découverte soudaine, et dont on reste fortement frappé.

Où Racine se trouvait-il une fois avec La Fontaine?--Qu'est-ce qu'il lui mit dans les mains?--La Fontaine a-t-il feuilleté le livre?--Sur quelle partie s'est-il arrêté?--Quelle découverte a-t-il cru faire?--Est-ce que son esprit en est resté frappé?--Comment le nom du prophète est-il devenu proverbial?

Écrivez cette histoire en 100 mots.

77. L'AMI DU LACONISME

Un certain médecin était bien connu par son laconisme. Il détestait les longues consultations et les détails inutiles et filandreux. Une dame connaissant cette particularité se présente chez lui pour le consulter sur une grave blessure qu'un chien lui avait faite au bras. Elle entre sans rien dire, découvre la partie blessée, et la place sous les yeux du docteur. Celui-ci regarde un instant, puis il dit: «Égratignure?--Morsure.--Chat?--Chien.--Aujourd'hui?--Hier.-- Douloureux?--Non.» Le docteur fut si enthousiasmé de cette conversation qu'il aurait presque embrassé la dame.

Qu'est-ce qui ennuyait fort le médecin?--La dame connaissait-elle bien son homme?--De quai souffrait-elle?--Comment a-t-elle abordé le médecin?--Quelle impression lui a-t-elle faite?

78. IMPARTIALITÉ D'ALEXANDRE LE GRAND

Lorsqu'Alexandre le Grand rendait la justice, il avait coutume, pendant que l'accusateur parlait, de se boucher une oreille avec la main. Comme on lui en demandait la raison: «C'est, répondit-il, que je garde l'autre a l'accusé.»

Quelle habitude Alexandre le Grand avait-il?--Ce procédé a-t-il éveillé la curiosité de ses courtisans?--Comment le leur a-t-il expliqué?

Racontez une histoire de la vie d'Alexandre le Grand.

79. L'ESPAGNOL PARESSEUX

Un jeune Français, élève de l'Académie de peinture, étant allé en Italie pour se perfectionner, rencontre à Naples un Espagnol couvert de haillons et d'une malpropreté excessive: vice dont en général ce peuple est accusé. Le jeune peintre remarque que l'Espagnol a les mains fort bien faites, quoique fort sales. Il lui propose de les dessiner. L'Espagnol accepte, moyennant quelque argent qui lui est promis. Le Français le conduit chez lui, et lui dit de se laver les mains. «Soit.» Il passa au vestibule; puis revenant comme par réflexion: «Laquelle, monsieur, dit-il, voulez-vous dessiner?»

Où le jeune artiste avait-il fait ses premiers pas dans la carrière de peintre?--Où s'est-il rendu ensuite?--Qu'est-ce qu'il comptait y faire?--De qui a-t-il bientôt fait la connaissance?--Qu'est-ce qui l'a fortement intéressé à ce type?--Quel dessein a-t-il formé?--L'autre a-t-il agréé la proposition?--Quel petit détail fallait-il régler auparavant?--L'autre a-t-il fait le difficile?--Quelle précaution voulait-il prendre?

Racontez en 100 mots cette histoire.

80. FAUTES DE PRONONCIATION

Les fautes grossières contre les règles fondamentales de la prononciation portent les noms de Cuir, de Velours, et de Pataquès.

Cuir se dit, d'une façon générale, de toute faute de prononciation: «Il va-t-à la campagne» pour «Il va à la campagne.» Le cuir suivant: «entre quatre-z-yeux» a été sanctionné par l'Académie dans l'intérêt même de l'harmonie des sons.

Velours se dit d'un son doux remplaçant par erreur un son dur: «Elle était-z-à la campagne» pour «Elle était à,» etc. À l'origine, ce mot velours s'employait par opposition à cuir, parce que souvent le premier donnait l'idée d'une chose plus douce que le second.

Pataquès se dit spécialement de l'emploi erroné d'un «t» pour un «s.» Son origine est, dit-on, la suivante: Un étudiant, assis au théâtre près de deux dames, trouve un éventail sous sa main. Il dit à la première dame: «Est-il à vous, Madame?--Il n'est point-z-à moi, Monsieur.--Est-il à vous, Madame? reprend-il en s'adressant à la seconde.--Il n'est pas-t-à moi, dit-elle.--Puisqu'il n'est point-z-à vous et qu'il n'est pas-t-à cette dame que voici, je ne sais pas-t-à qu'est-ce!» dit l'étudiant en riant.

Expliquez les termes: cuir, velours, pataquès.

GRAMMAR REVIEW.--LESSON XIV

Review possessive pronouns.--Order in interrogative sentences.--Definite article used for possessive adjective.

Examples

Est-il arrivé?	Has he arrived?
Votre père le sait-il?	Does your father know it?
Jean a-t-il des plumes?	Has John any pens?
Combien ces montres coûtent-elles?	How much do these watches cost?
Comment votre mère a-t-elle su la chose?	How did your mother learn of the affair?
Pourquoi cet homme est-il venu?	Why has this man come?
Il leva la tête.	He raised his head.
Je me suis brossé les dents.	I brushed my teeth.

A. 1. Did Pope have crooked legs? 2. Was he a[260] hunchback? 3. Did the peasant girl succeed in[261] hiring out? 4. Where did she visit? 5. Wasn't the lady's brain a little "off" (cracked)? 6. Why has the servant come back? 7. I like my profession better than yours. 8. That[262] is because you are a little soft-hearted. 9. When did the doctor put this book into your hands? 10. He has his mind full of the thing, hasn't he?[263] 11. The dog made a severe wound in my arm. 12. Is this

[260] *omit.*

[261] à.

[262] ce.

[263] n'est-ce pas?

cat yours or theirs? 13. I have a dog of my own.[264] 14. Don't stop up your ears, will you?[265] 15. The Spaniard had dirty hands, dirtier even[266] than mine. 16. I am going to take you to my house. 17. You may wash your hands, if you wish. 18. The fan isn't mine, it is my mother's,

B. Word Study. In the following anecdote, substitute equivalents for expressions in italics:

81. JUSTICE DE SOLIMAN

Comme Soliman, *sultan* des Turcs, *allait* à la conquête de Belgrade, *l'an* 1521, une femme s'approcha de lui et se plaignit *vivement* de ce que, *pendant son sommeil*, des soldats lui avaient *volé* des bestiaux qui *faisaient* route sa *fortune*.

«Il fallait que tu fusses *plongée* dans un sommeil bien profond, lui dit en riant le *prince*, puisque tu n'as pas entendu *entrer* les *ravisseurs*.--Oui, je dormais fort *paisiblement*, *repartit* la vieille, dans la *certitude* où j'étais que Votre *Hautesse* veillait pour la *sécurité générale*.»

Soliman ne *s'irrita* point de *ce mot*, tout hardi qu'il était, et il *ordonna* à son *visir* de *compenser généreusement* la *perte* que cette femme avait *subie*.

[264] à moi.

[265] n'est-ce pas?

[266] même.

ANECDOTES

82. NAÏVETÉ D'UN AVARE

Un avare observant que son vin diminuait quoiqu'il fût[267] dans une cruche cachetée, cherchait en vain à en deviner la cause. Sa femme lui dit: «Peut-être qu'il y a une ouverture par-dessous.--Sotte que tu es, repartit le mari, tu n'y entends rien, ce n'est pas par-dessous qu'il en manque, c'est par-dessus!»

> De quai l'avare s'est-il aperçu?--Pourquoi était-il difficile d'en comprendre la cause?--Quelle suggestion la femme a-t-elle offerte?--Le mari admettait-il cette solution de l'énigme?
>
> Nommez les prépositions qui correspondent à dessous et dessus.

83. PEINE PERDUE

Dans un temps de sécheresse, un curé des environs de Choisy, près Paris, est invité par ses paroissiens à faire une neuvaine pour obtenir de la pluie, ainsi qu'avaient fait tous ses confrères circonvoisins.

«Mes amis, leur dit-il, restons tranquilles, je vous en prie. Puisque toutes les paroisses circonvoisines ont adressé au ciel leurs vœux, si nos voisins ont de la pluie, nous en aurons aussi, car nous sommes au centre; s'ils n'en ont pas, nous aurons épargné nos prières et nos peines.»

> Quel temps faisait-il?--Quel mal pouvait en résulter?--Par quel moyen espérait-on se délivrer de ce fléau?--Est-ce que ce pays-là était le seul aux alentours à souffrir de la sorte?--Pourquoi le curé croyait-il inutile de recourir aux prières?--Son idée était-elle pratique?
>
> Faites ce récit de mémoire.

---

[267] Why subjunctive?

84. LE MAUVAIS CHEVAL

Un fermier de Yorkshire ayant mené un cheval à la foire, le vendit à un officier de remonte. L'année suivante, l'officier retourne à la même foire et apercevant notre homme, il s'avance sur lui en colère: «Coquin, dit-il, vous m'avez vendu une rosse qui ne vaut rien pour l'armée!--Eh bien! répond le fermier sans s'émouvoir, faites-en cadeau à la marine.»

Comment le fermier s'est-il défait de sa rosse?--A-t-il revu l'acheteur?--Celui-ci en voulait-il au fermier?--Quel conseil le fermier a-t-il donné à l'officier?

85. UN BON AVERTI EN VAUT DEUX

Un homme avait l'habitude d'emprunter de l'argent à l'un de ses amis. Un jour la conversation suivante eut lieu entre eux au sujet d'un nouvel emprunt.

«Vous m'avez dit que vous me prêtiez cinquante francs, dit l'emprunteur, mais vous ne m'en donnez que quarante-neuf.--Je garde un franc pour payer le port des lettres que j'aurai à vous écrire pour me faire rembourser.--En ce cas, reprit le premier, je vous conseille d'en retenir cinq.»

Quelle fâcheuse coutume cet homme avait-il?--Avait-il également l'habitude de rendre promptement l'argent prêté?--Comment fallait-il toujours s'y prendre avec lui pour se faire rembourser?--Quel moyen l'ami a-t-il enfin inventé pour rentrer dans ses frais?--L'emprunteur a-t-il pris la chose en mauvaise part?

Expliquez les mots *emprunt, emprunteur, emprunter.*

86. ON NE PEUT PAS SIFFLER QUAND ON BÂILLE

Zaïre, tragédie de Voltaire, ne fut point goûtée du public à sa première représentation, et l'auteur en était fort mécontent. Comme il s'en allait tout pensif, il rencontra Piron, à qui il se plaignit du peu de goût et de l'injustice de ce même public; mais voulant cacher en quelque sorte tout le dépit qu'il en concevait, il ajouta: «Il est vrai que ma pièce n'a pas plu, mais au moins elle n'a pas été sifflée.--Comment veux-tu, mon ami, que l'on siffle[268] quand on bâille?» lui répliqua Piron.

Zaïre de Voltaire a-t-il joui d'un immense succès dès la première représentation?--Comment a-t-il été accueilli du public?--L'auteur a-t-il été sensible au peu de louanges que sa pièce lui

[268] Why subjunctive?

rapportait?--À qui s'en est-it ouvert?--Par quelle réflexion a-t-il voulu dorer la pilule?--Piron a-t-il ménagé les sensibilités de l'infortuné poète?

Écrivez en 100 mots cette histoire.

Quels livres de Voltaire avez-vous lus?

Nommez ceux que vous connaissez.

87. L'IGNORANT BEL ESPRIT

Un ignorant bel esprit se présente à l'Université de... pour y passer son doctorat. Il y est reçu. Surpris de la facilité avec laquelle il avait acquis ce grade, et voulant faire le plaisant, il va de nouveau trouver le recteur, et lui dit: «Monsieur, pendant que je suis en cette ville, je voudrais profiter de l'occasion pour faire recevoir aussi mon cheval.--Monsieur, lui répondit le recteur, je suis fâché de ne pouvoir vous obliger davantage, mais nous ne recevons ici que les ânes. Il y va de notre prestige.»

Dans quel but l'ignorant s'est-il présenté à la faculté?--A-t-il été refusé?--S'en est-it étonné?--S'en est-il allé content?--Comment a-t-il voulu abuser de l'indulgence qu'on lui avait témoignée?--Quelle réponse lui a-t-on faite?

88. LE PORTRAIT DU CUIRASSIER

On conte sur Horace Vernet, qui fut un des meilleurs peintres militaires de la France, une amusante anecdote. Elle prouve que, chez ce grand artiste, la bonhomie naturelle était à la hauteur du talent.

Un matin, un cuirassier, qui avait fréquemment entendu prononcer le nom de Vernet, mais qui ne se rendait pas bien compte de la position du célèbre peintre, alla le trouver dans son atelier. Le brave garçon désirait avoir son portrait pour l'envoyer au pays. Il s'en ouvrit à l'artiste, mais il ajouta qu'il voulait avant tout être fixé sur le prix que cela lui coûterait.

«Combien veux-tu y mettre? demanda Horace.--J'irai bien jusqu'à trente sous, répondit le cuirassier.--Bon! cela me va.»

En quelques coups de crayon, Vernet eut bien vite terminé une charmante esquisse du guerrier, que celui-ci emporta triomphant. Le beau militaire ne put cependant s'empêcher de dire à un camarade qui l'attendait à la porte: «J'ai eu tort de ne pas marchander: j'aurais peut-être eu mon portrait pour vingt sous.»

La naïveté du cuirassier est d'autant plus amusante que le moindre dessin de Vernet se payait déjà fort cher quand ce peintre célèbre vivait. Aujourd'hui un tableau de lui vaut une petite fortune.--(CLAUDE AUGÉ.)

À quel titre Horace Vernet est-it célèbre?--Avait-il un caractère aimable?--Est-ce que le cuirassier de notre anecdote avait jamais entendu parler de lui?--Quel dessein le soldat a-t-il formé?--Qu'est-ce qu'il voulait savoir auparavant?--Le peintre a-t-il fixé le prix que cela lui coûterait?--Le soldat voulait-il payer cher son portrait?--Le peintre s'est-il montré complaisant?--Quel regret le cuirassier a-t-il éprouvé en sortant de chez Vernet?--Savait-il ce que valait son portrait fait par le célèbre artiste?

Quelles sont, dans cette anecdote, les expressions les plus usuelles? Les plus difficiles?

GRAMMAR REVIEW.--LESSON XV

Pronominal use of *en* and *y*.--Order in the sentence.

Examples

Je suis content de mon sort.	I am satisfied with my lot.
J'en suis content, j'en suis fier.	I am satisfied with it, I am proud of it.
Je suis allé au théâtre; j'y ai vu Talma. Y êtes-vous allé?	I went to the theatre; I saw Talma there. Did you go (there)?
J'ai des pommes.--Donne-m'en.--Je vous en donne.--Donnes-en en à ma sœur aussi.--Ne lui en donne pas. Etc.	I have some apples.--Give me some.--I give you some.-- Give some to my sister, too.--Don't give her any. Etc.
Je vous y envoie.--Envoyez m'y.--Envoies-y Jean.--Ne m'y envoie pas. Etc.	I send you there.--Send me there.--Send John there.--Don't send me there. Etc.

A. 1. There is good wine at Choisy, I am going there to get some. 2. There is some missing, and I can't guess the reason for it. 3. My friend is going to give a ball[269] and I am invited to it. 4. If you have any, give me a little.[270] 5. Give John some. Don't give him too much.[271] 6. If I had any horses, I would make a present of them to the army. 7. I didn't do anything of the sort.[272] 8. I had fifty francs and I kept five. 9. They [273] didn't like my tragedy, and I am very much displeased about it. 10. If you complain about it, they will go away. 11. I went to the University

[269] bal (*m.*).

[270] un peu.

[271] trop.

[272] je n'en ai rien fait.

[273] On.

of X to get my doctor's degree. 12. I got it.[274] 13. You have such a fine chance, you ought to take advantage of it. 14. We can't receive you; I am very sorry about it. 15. They tell a funny story about him.[275] 16. Vernet was very famous, but the cavalryman didn't realize[276] it. 17. He didn't disclose[277] himself to the artist. 18. How much was he willing to put into it? 19. Give me some, I beg of you (to do so).[278] 20. Think of it![279] His life is at stake![280] 21. I can't make head nor tail of it.[281] 22. This wine is diminishing, although it is[282] in a sealed jug.

B. Word Study, based on «Le Portrait du Cuirassier.»

(*a*) Define, in French, the following words:

artiste, talent, entendre, se rendre compte, célèbre, atelier, portrait, cher, valoir, esquisse.

(*b*) Define, in French, at least one word cognate with each of the following:

conter, amuser, désirer, demander, répondre, marchander, vivre, peintre, nature, nom, compte, ouvrier, guerrier, dessin, grand, haut, brave, bon, triomphant, beau, fort.

Example: conter. Un conteur est un auteur de contes.

---

[274] Y être reçu.

[275] *not* en *here. Why?*

[276] se rendre compte de.

[277] s'ouvrir (à).

[278] en.

[279] penser (à).

[280] il y va de.

[281] je n'y entends rien.

[282] *subjunctive. Why?*

ANECDOTES

89. LE BOURGEOIS EN COLÈRE

Un bon bourgeois ayant appris que plusieurs de ses parents s'étaient trouvés à un repas de famille auquel il n'avait pas été invité s'écria en colère: «Eh bien! pour les faire enrager, je vais donner un grand dîner d'apparat où je serai tout seul.»

Quel sujet le bourgeois avait-il de prendre la mouche?--A-t-il voulu passer l'affaire sous silence?--Comment s'est-il proposé de se venger de ses parents?--Le dîner a-t-il dû être triste ou gai?

90. LE TORRENT ET LE RUISSEAU

Un torrent furieux, dans sa course rapide, <u>insultait</u> un ruisseau <u>timide</u> dont l'onde arrosait un verger. «Va, lui dit le ruisseau, sois fier de l'avantage d'offrir à chaque pas quelque nouveau <u>danger</u>. Je serais bien fâché d'avoir pour mon <u>partage</u> l'<u>honneur</u> <u>cruel</u> que tu poursuis: tu t'annonces par le ravage; moi, par les biens que je <u>produis</u>.»

Quels sont les personnages de cette fable?--Qu'est-ce que le ruisseau reprochait au torrent?--De quai le torrent se faisait-il fort?--Quelle vertu le ruisseau avait-il?--Lequel des deux frappe plus fortement l'imagination des hommes?--Lequel des deux leur est le plus utile?--Quelle est la moralité de ce récit?

Formez d'autres mots des mots soulignés.

91. LES POUCES DU SERPENT

«Après une lutte horrible, dit un voyageur, je parvins à dégager mes bras des replis dont le boa avait serré mon corps, et au moment où le monstre ouvrait sa gueule formidable à deux pouces de ma tête, je lui lâchai mon coup de fusil entre les deux mâchoires, et il tomba raide mort.--C'est magnifique, dit quelqu'un.

Combien de pieds de long avait ce serpent?--Il avait quatre-vingt douze pouces, répondit l'autre; les serpents n'ont pas de pieds.»

Quelle scène le voyageur dépeignait-il?--Dans quelle situation périlleuse s'était-il trouvé?--Comment s'en est-il tiré--Son récit a-t-il produit l'effet désiré?--Quelle question un de ses auditeurs lui a-t-il posée?--Comment le voyageur lui a-t-il répondu?

92. LE PEINTRE DAVID ET LE COCHER

David, célèbre peintre français sous l'Empire, a excellé par la pureté classique de son dessin. On conte sur lui, pourtant, une anecdote qui porte à croire que les artistes mêmes sont faillibles.

Cet homme illustre avait exposé un de ses plus beaux tableaux et se trouvait par hasard confondu dans la foule qui l'admirait. Il remarqua un homme dont le costume annonçait un cocher de fiacre, et dont l'attitude indiquait le dédain. «Je vois que vous n'aimez point ce tableau, lui dit le peintre.--Ma foi, non!--C'est pourtant un de ceux devant lesquels tout le monde s'arrête.--Il n'y a pas de quoi. Voyez cet imbécile de peintre qui a fait un cheval dont la bouche est toute couverte d'écume et qui, pourtant, n'a pas de mors.» David se tut; mais dès que le salon fut fermé, il effaça l'écume.

À quelle époque le peintre David a-t-il vécu?--À quel titre est-il célèbre?--Son dessin a-t-il cependant toujours été parfait, à tous les points de vue?--Dans quelle foule se trouvait-il un jour par hasard?--Tout le monde trouvait-il bons ses tableaux?--Qui est-ce qui regardait avec dédain certain tableau de cet artiste?--Qu'y avait-il de faux dans ce tableau, à son avis?--Avait-il raison?--Parlait-il en connaissance de cause?--Comment David a-t-il réparé la faute?

Donnez des synonymes à dix mots de cette histoire.

93. L'HOMME DUPE DE SA CRÉDULITÉ

Un bourgeois de Lyon, fort riche, ayant fait tirer son horoscope, mangea, pendant le temps qu'il croyait avoir à vivre, tout ce qu'il avait. Mais ayant été plus loin que l'astrologue ne l'avait prédit, il n'avait plus de quoi se nourrir. Il se vit obligé de demander l'aumône, et il disait en tendant la main: «Assistez un homme qui a été dupe de sa crédulité.»

Est-ce qu'on croit encore de nos jours aux horoscopes?--Quelle destinée avait-on prédite au bourgeois?--Comment a-t-il voulu en tirer profit?--L'horoscope a-t-il dit vrai?--Qu'est-ce que le pauvre bourgeois a dû faire pour se nourrir?--Quelle est la moralité du récit?

94. GÉNÉREUX À BON MARCHÉ

Un jeune vaurien, qui espérait hériter un jour de son oncle, voulait le sonder un peu pour savoir les chances qu'il courait de réaliser son ambition. «J'ai fait un beau rêve cette nuit, mon cher oncle, lui dit-il un matin.--Vraiment! dit l'oncle, et qu'avez-vous rêvé?--Que vous me donniez cinq cents francs.--Eh bien! répond le vieux, qui voyait bien de quoi il retournait, pour ne pas vous désappointer je vous permets de les garder.»

Qu'est-ce qui travaillait l'esprit du jeune homme?--Comment s'y est-il pris pour soutirer de l'argent à son oncle?--Est-ce que cela a pris?

Faites ce récit de memoire.

95. LES GRANDS HOMMES NE SONT PAS TOUT-PUISSANTS

Les hommes célèbres reçoivent parfois des communications assez bizarres. M. Edison, le grand inventeur américain, a reçu un jour une lettre que lui écrivait une demoiselle et dans laquelle elle lui demandait s'il ne pourrait pas inventer une machine au moyen de laquelle elle pourrait voir son futur mari. Il aurait pu répondre, comme le Pape au cardinal peint en enfer: «Mon pouvoir ne s'étend pas si loin.»

Les grands personnages reçoivent-ils beaucoup de lettres?--À quel titre M. Edison est-il fameux?--De qui a-t-il reçu un jour une épître très curieuse?--Quel désir exprimait-on là-dedans?--M. Edison était-il à même de satisfaire la jeune personne?

96. UNE RÉPONSE AUDACIEUSE

Les hommes d'esprit aiment l'esprit partout où ils le rencontrent, et alors même que l'on s'en sert contre eux. Voici, à l'appui de cette opinion, une anecdote assez curieuse, qui se rattache au souvenir de la bataille de Kollin. On sait qu'elle fut gagnée en 1757 par le maréchal autrichien Daun sur Frédéric II, roi de Prusse.

Nous sommes à Berlin, après la conclusion de la paix définitive. Frederic aime à se promener dans sa capitale où il est acclamé par tous, mais où chacun tremble devant son regard sévère. Un jour, il rencontre un de ses vieux grenadiers de la Guerre de Sept Ans, dont le visage est tout sillonné d'énormes balafres. «Dans quelle auberge, lui demande le roi d'un ton moqueur, t'es-tu fait arranger de la sorte?--Sire, répond le grognard sans se déconcerter, dans une auberge où vous avez payé votre écot: à Kollin.» À ces mots, Frédéric fronça d'abord les sourcils; puis, s'il faut en croire la légende, il sourit et récompensa celui qui avait su répondre spirituellement à sa blessante question.--CLAUDE AUGÉ.

Les hommes d'esprit reconnaissent-ils l'esprit chez les autres?--De quelle bataille est-il question dans cette anecdote?--Où la scène se passe-t-elle?--Frédéric jouissait-il de beaucoup d'estime dans sa capitale?--Avait-on ordinairement peur de lui?--Quelle rencontre a-t-il faite une fois?--Qu'est-ce qui a attiré surtout l'attention du roi?--Qu'est-ce qu'il a demandé à l'inconnu?--Quelle réponse spirituelle a-t-il tirée du soldat?--Comment a-t-il pris la chose,--en bonne ou en mauvaise part?

Écrivez en 200 mots cette histoire.

GRAMMAR REVIEW.--LESSON XVI

Relative Pronouns.

Examples

L'homme (le cheval, la vache, etc.), qui est devant la maison.	The man *who* (the horse, cow, *which*) is in front of the house.
La femme que je rencontre. La vache (le cheval) que je vends.	The lady *whom* I meet. The cow (horse) *which* I am selling.
La fille de l'avocat qui est ici.	The daughter of the lawyer who is here.
La fille de l'avocat, laquelle est ici, est malade.	The lawyer's daughter, who is here, is ill.
L'homme avec qui je parle.	The man with whom I speak.
Le livre dans lequel j'étudie.	The book in which I study.
Le magasin auquel je vais, duquel je sors.	The store to which I go, from which I come.
Je vous donnerai ce qui est ici, ce que j'ai trouvé.	I'll give you what is here, what I found.
Le livre (l'homme) dont je parle.	The book of *which* (the man of *whom*) I speak.
L'homme dont le fils est mort.	The man whose son is dead.
L'homme dont je connais le fils.	The man whose son I know.
La femme au fils de laquelle j'écrivais.	The lady to whose son I was writing.
La ville dont je suis venu.	The city whence I came.

Savez-vous de quoi s'agit?	Do you know what it is about?
Donnez-moi de quoi écrire.	Give me writing material.
Il n'a pas de quoi vivre.	He has nothing to live on.
La ville où il se trouve.	The city in which he is.
Le pays d'où il vient.	The country from which he comes.
Etc.	Etc.

A. 1. That man who is stopping before the picture, and whose attitude shows contempt, is a celebrated painter. 2. There is the picture that I like most.[283] 3. A horse that had no bit wouldn't have his[284] mouth covered with foam. 4. The coachman whose horse you saw didn't like the picture. 5. The man for whom he made the picture was in the crowd. 6. Here is a salon in which you can admire the pictures about which we were talking. 7. The bourgeois has eaten all[285] he has. 8. I haven't anything[286] to write with.[287] 9. She has enough[288] to live on.[289] 10. The uncle saw which[290] way the wind blew.[291] 11. The wife of the inventor, who (*i.e.* the wife) wrote me a letter, wishes to see me. 12. The machine that we made use of was invented by Edison. 13. There is the man with whose uncle I was walking. 14. He[292] is a man whose opinion I respect. 15. That person whose aspect[293] is so severe is the grenadier to whom the king spoke. 16. What made me mad, was[294] that they invited me to a dinner at which I found several of my relatives. 17. He fell dead at the moment when I freed my arms. 18. This painter whose uncle I am is a famous man. 19. There is nothing to be astonished about.[295] 20. The city from which he comes is Lyons.

B. Word Study. Find opposites of the following words in the anecdotes included in this lesson: mauvais, recevoir, petit, sécurité, mal, avant, court, fermer, laid, admiration, pauvre, mourir, près, âgé, beaucoup, ignorer, demander, défendre de, commencement, tranquille, lent, hardi, vieux.

Use these words and their opposites in original sentences.

---

[283] le mieux.
[284] la.
[285] *supply "that which."*
[286] de quoi.
[287] de quoi.
[288] de quoi.
[289] *omit.*
[290] de quoi il retournait.
[291] de quoi il retournait.
[292] Ce.
[293] l'aspect.
[294] c'est.
[295] de quoi.

ANECDOTES

97. L'OCCASION FAIT LE LARRON

Le propriétaire d'une auberge de village servit un œuf au roi George II qui s'y était arrêté, et lui demanda en retour une guinée. Sa Majesté lui dit en souriant: «Il paraît que les œufs sont bien rares ici.--Oh! non, sire, répondit l'hôtelier, ce ne sont pas les œufs... ce sont les rois.»

Où le roi s'est-il arrêté?--Pourquoi s'y est-il arrêté?--Combien l'aubergiste voulait-il faire payer ses œufs?--Le roi a-t-il trouvé le prix raisonnable?--Pourquoi l'aubergiste avait-il tant demandé?

Faites ce récit de mémoire.

98. LE MARI BIEN APPRIVOISÉ.

«Charles, s'écria une femme, en poussant du coude son benêt de mari, juste au moment où il <u>allait</u> s'<u>endormir</u>, je <u>suis</u> sûre d'<u>avoir</u> entendu du bruit en bas; ce sont des voleurs. <u>Lève</u>-toi tout de suite, et <u>vois</u> ce que c'est. Mais à propos, mon ami, si ce sont des voleurs, que vas-tu faire?--Que vais-je faire? répéta le mari avec un grand calme, tout en se préparant à descendre; mais, naturellement, je ferai ce qu'ils <u>voudront</u>! Je n'ai jamais <u>pu</u> faire ce que je veux dans cette maison, et c'est un peu tard, il me semble, pour <u>commencer</u> à <u>présent</u>.»

Qu'est-ce que la femme a cru entendre?--Son mari entendait-il aussi quelque chose?--La femme qu'a-t-elle prié son mari de faire?--Charles s'est-il exécuté de bonne grâce?--Qu'est-ce qu'il se proposait de faire, une fois descendu?--Croyait-il au dicton: «Mieux vaut tard que jamais»?

Expliquez les irrégularités des mots soulignés.

99. IL EN COÛTE D'ÊTRE BAVARD

Un jeune homme d'un naturel bavard voulait s'instruire à l'école d'Isocrate, orateur athénien du IVe siècle av. J.-C. Le philosophe voulait bien le recevoir, mais comme il connaissait son faible, il le prévint qu'il devait payer le double de ce que les autres payaient: «Car, lui dit-il, je dois vous apprendre deux sciences, celle de parler, et celle de vous taire.» On reconnaît que de ces deux sciences, la dernière est parfois la plus difficile à apprendre.

100. LE CRÉANCIER DE NAPOLÉON

Une grande revue des troupes de Lyon eut lieu en 1815, immédiatement après le débarquement de Napoleon, à son retour de l'île d'Elbe. Un commandant, qui voulait abaisser l'empereur aux yeux de ses anciens soldats, leur faisaient remarquer qu'ils étaient bien vêtus et bien nourris; que leur paye était visible sur leurs personnes: «Oui, certainement, répliqua un grenadier auquel il s'adressait.--Eh bien! Continuait l'officier avec un air de confiance, ce n'était pas ainsi sous Napoléon. Votre paye était en arrière; il était souvent votre débiteur.--Qu'est-ce que cela fait, dit vivement le grenadier, si nous voulions lui faire crédit?»

Donnez, en français, des définitions des noms qui se trouvent dans cette anecdote.

101. FABLE

Un certain Parmenon imitait parfaitement le grognement du porc. Ses camarades, jaloux de la réputation qu'il s'était acquise par son talent, tâchaient de l'imiter, mais les spectateurs, prévenus, disaient toujours: «Cela est bien; mais qu'est-ce en comparaison du porc de Parmenon?»

Un de ses rivaux prit un jour sous sa robe un jeune porc qu'il fit grogner. Les spectateurs, après avoir entendu ce cri naturel, dirent encore: «Qu'est-ce que cela auprès du porc de Parmenon?»

Alors il lâcha son porc au milieu de l'assemblée, et les convainquit par là que c'était la prévention, et non la vérité, qui dictait leur jugement.

Donnez votre idée de la morale de cette histoire.

102. LES DEUX LAPINS

A travers les buissons, poursuivi par des chiens, je ne dirai pas courait, mais volait un lapin. De son terrier sortit un de ses camarades, qui lui dit: «Halte! ami, qu'y a-t-il?--Qu'y a-t-il? répondit l'autre, je n'en ai plus de souffle: deux brigands de lévriers sont là sur ma piste!--Oui, répliqua le premier, je les vois là-bas; mais ce ne sont pas des lévriers.--Qu'est-ce que c'est alors?--Des bassets.--Des bassets?--Mais oui.--Quelle plaisanterie! je te dis que ce sont des lévriers et très bien des lévriers; je les ai assez vus!--Ce sont des bassets, va; tu n'y entends rien.--Des lévriers, te dis-je.--Allons donc, des bassets!» Là-dessus arrivent les chiens, qui happent nos lapins pris au dépourvu. Que ceux qui, pour des détails peu importants, négligent l'affaire essentielle, se souviennent de cet exemple.--YRIARTE.

Écrivez, en 200 mots, l'histoire des deux lapins.

GRAMMAR REVIEW.-LESSON XVII

Demonstrative pronouns.

Examples

Voici mes livres et ceux de Jean.	Here are my books and John's.
Voici mes plumes et celles que vous avez achetées.	Here are my pens and those that you bought.
J'ai deux montres. Aimez-vous celle-ci ou celle-là?	I have two watches. Do you like this one or that one?
Lamartine et Balzac. Celui-ci est un grand romancier; celui-là un grand poète.	Lamartine and Balzac. The former is a great poet, the latter a great novelist.
C'est mon ami.--Ce sont eux.--C'est moi.--C'est un poète.--C'est difficile, etc.	He (it) is my friend.--It is they.--It is I.--He is a poet.-It is difficult, etc.
Ceci est le mien, cela est le vôtre.	This (indefinite) is mine, that is yours.

A. 1. Do you see my dogs? These are greyhounds, those are dachshunde. 2. They[296] are good dogs. 3. I hear a[297] noise; it[298] is burglars. 4. It was a burglar, but it[299] seemed to me a little late to go down. 5. I want to learn that one[300] of the sciences which is most difficult. 6. These soldiers are better fed than those of Napoleon. 7. That makes no difference.[301] 8. That's all right but look at this! 9. It[302] would be difficult to imitate the grunt of a pig. 10. No, on the contrary, it[303] would

[296] *what pronoun?*
[297] du.
[298] *what pronoun?*
[299] il.
[300] *omit.*
[301] rien.
[302] il.
[303] *what pronoun?*

be easy. 11. That[304] is what he said. 12. Was[305] it you who neglected this affair? 13. It was[306] we who did it. 14. I saw an officer and a grenadier; the former was better dressed than the latter. 15. Those who wish to be educated in this school must pay double what those pay who are educated elsewhere. 16. The hardest thing[307] is[308] to learn to[309] keep still. 17. What I ought to do is[310] to learn all that[311] I can. 18. Let[312] my soldiers be[313] well dressed and well fed.

B. Word Study. In the following anecdote substitute equivalents for expressions in italics:

103. SENTENCE CONTRE LES MOUCHES

Un employé de l'octroi d'une petite ville d'Allemagne vit un jour arriver un paysan français qui portait plusieurs pots de miel. Pour *vexer* notre compatriote, le *fonctionnaire* découvrit tous les pots l'un après l'autre, sous prétexte de voir s'ils ne contenaient aucun *objet* de contrebande. Le miel étant ainsi découvert attira une *nuée* de mouches qui le gâtèrent *tellement* qu'il fut impossible au paysan de le vendre. Il porta plainte devant le bourgmestre, et demanda qu'on lui rendît au moins ce qu'il avait *payé* pour le droit d'entrée. Le bourgmestre *examina* l'affaire, puis il déclara que l'employé ne méritait aucun reproche, et que les mouches, *auteurs* de tout le mal, devaient seules être punies: il permit *donc* au *paysan* de les tuer sans *pitié* partout où il les *rencontrerait*. Le *rusé* paysan *pria* le bourgmestre de lui donner sa *décision* par écrit, et dès qu'il eut l'écrit entre les mains, une mouche vint lui *fournir* l'occasion de faire repentir le juge de sa mauvaise plaisanterie. Elle s'était posée sur la joue du bourgmestre, et le paysan *s'empressant* aussitôt d'exécuter la sentence, appliqua sur la mouche, si bien *placée* à sa portée, un soufflet plus que suffisant pour *l'écraser*. Le *bourgmestre* chancela sous le coup et *se mit en fureur* contre le paysan; mais celui-ci se contenta de lui montrer le papier qu'il avait *signé* et se retira *fort tranquillement*.

---

[304] *what pronoun?*
[305] *present tense.*
[306] *present tense.*
[307] *omit.*
[308] c'est.
[309] à.
[310] c'est.
[311] ce que.
[312] *omit.*
[313] *why subjunctive?*

ANECDOTES

104. L'IDÉE FIXE

Un vieux monsieur habitant la banlieue de Paris avait pris un billet de saison pour la ville, bon jusqu'à une certaine date. Étant tombé malade quelques jours après, il ne put faire usage de son passe qu'un jour ou deux avant l'expiration de la date. Il essaya, mais en vain, de le faire proroger. Pour se venger, il se mit à voyager continuellement de chez lui à la ville et de la ville chez lui, et finit par changer de train à chaque station.

Quelqu'un ayant remarqué ses étranges mouvements, lui demanda quelles affaires si importantes et si pressantes il pouvait bien avoir. «La Compagnie m'en donnera pour mon argent jusqu'au dernier sou, quand je devrais en mourir,» répondit le bonhomme.

Cette anecdote rappelle celle du bonhomme qui, pour se venger de la société des chemins de fer, prit un billet aller et retour, en se jurant tout bas de ne pas revenir, tout simplement pour faire enrager «ces fourbes-là.»

105. L'OFFICIER POLI

Un officier ayant eu, dans une bataille, l'occasion de saluer, un boulet de canon passa par-dessus sa tête et tua un soldat derrière lui. «On ne perd rien à être poli,» dit-il.

> Racontez l'expérience de l'officier.--Pensez-vous qu'on ait souvent l'occasion de saluer pendant une bataille?--De quoi l'officier se félicitait-il ?

106. POLITESSE DE PIRON

Un plagiaire, qui admirait le génie de Piron, était sur le point de publier une tragédie. Mais il voulut avant la lire à Piron et en obtenir son jugement. Pilon n'a pas manqué de reconnaître les emprunts que le plagiaire lui avait faits, et à chaque vers pillé, il ôtait son chapeau et s'inclinait; il eut si souvent l'occasion de l'ôter, que l'auteur, surpris, lui demanda ce que cela voulait dire. «Oh! répliqua Pilon, c'est que j'ai coutume de saluer mes connaissances, quand je les rencontre.»

Faites ce récit de mémoire.

107. MOLIÈRE ET LES FEMMES

On sait jusqu'à quel point Molière se méfiait des femmes, et comment il s'est amusé de leurs ruses pour tromper leurs maris. Une de ses connaissances lui demandait une fois pourquoi, dans certains pays, le roi pouvait prendre les rênes du gouvernement à quatorze ans, tandis qu'il ne pouvait se marier qu'à dix-huit. «C'est, répondit-il, qu'une femme est plus difficile à gouverner qu'un royaume.»

Molière avait-il une haute opinion des femmes?--De quelle situation s'est-il souvent servi dans ses comédies?--Quel dilemme est-ce qu'on lui fit un jour?--Comment l'a-t-il résolu?

Quels livres de Moliere avez-vous lus? Nommez ceux que vous connaissez. Que savez-vous de la vie de Molière?

108. À DEMAIN LES AFFAIRES SÉRIEUSES

Archias, tyran de Thèbes, s'était fait exécrer en ordonnant la mort ou l'exil des principaux citoyens. En 378 av. J.-C. un complot se trama contre lui.

Au milieu du banquet où les conjurés devaient l'assassiner, il reçut une dépêche qu'on l'invitait à lire sans retard: «À demain les affaires sérieuses!» s'écria-t-il, en glissant le billet sous son coussin, sans cesser de manger. Or, le billet, c'était un avis détaillé du complot. Quelques instants plus tard, les conjurés, ayant à leur tête Pélopidas, pénétraient dans la salle du festin et le massacraient. C'est là l'origine de cette phrase si souvent citée en littérature: «À demain les affaires sérieuses,» et qui fait penser à cette autre: «Ne remets jamais à demain ce que tu peux faire aujourd'hui.»

Tâchez de trouver une histoire qui aura la même morale que celle-ci.

109. À QUELQUE CHOSE MALHEUR EST BON

Certaine autorité médicale défend de lire au lit; mais avec toute sa science ce docteur semble ignorer qu'il y a des livres admirablement écrits pour guérir de l'insomnie.

Pourquoi ne faut-il pas lire au lit?--Le médecin dont il s'agit paraît-il laisser de côté un certain aspect de la question?--Quel avantage y aurait-il à lire au lit de certains livres?--Avez-vous jamais entendu parler d'un «conte à dormir debout»?

110. UN BON COMMENCEMENT

C'était le premier étape d'un voyage de noces. On descendait à la gare. «Quand nous entrerons dans l'hôtel, dit l'épouse inquiète et rougissante, il faudra nous arranger pour ne pas avoir l'air de nouveaux mariés.--Sans doute, ma chère amie, dit son mari, ... et, tiens! tu peux commencer par porter ma canne et mon pardessus. Rien de plus naturel.»

Quel voyage faisait-on dans cette anecdote?--À quai fallait-il prendre garde?--Où est-ce que les nouveaux mariés sont descendus?--Quel moyen l'époux a-t-il inventé pour détourner les soupçons des curieux?--Quelle arrière-pensée avait-il?

111. BONTÉ DU ROI D'ARAGON

Alphonse V, roi d'Aragon, rencontra un jour un paysan qui était fort embarrassé, parce que son âne chargé de farine venait de s'enfoncer dans la boue. Le roi descendit aussitôt de cheval pour aller au secours du pauvre homme. Arrivé à l'endroit où était âne, il se mit avec le paysan à le tirer par a tête, afin de le faire sortir du bourbier. À peine eurent-ils réussi à retirer la bête, que les gens de la suite d'Alphonse arrivèrent, et voyant le roi tout couvert de boue, ils s'empressèrent de l'essuyer et de lui procurer d'autres vêtements. Le paysan, fort étonné de voir que c'était le roi qui lui était venu en aide, commença à lui faire des excuses et à lui demander pardon. Mais le roi le rassura avec bonté, et lui dit que les hommes étaient faits pour s'entr'aider.

Où était situé le royaume d'Aragon?--Qui le roi a-t-il rencontré?--Pourquoi le paysan était-il dans l'embarras?--Comment le roi a-t-il aidé le paysan?--À quoi le paysan a-t-il reconnu le roi?--S'est-il reproché d'avoir permis au roi de l'aider?--Qu'est-ce que le roi a dit pour rassurer le paysan?

Écrivez en 100 à 200 mots cette histoire.

112. L'OBÉISSANCE

Le marquis de Pontélima causait avec un des derniers rois de Portugal. La conversation roulait sur l'obéissance des sujets. Le marquis prétendait qu'elle devait avoir des bornes; le roi ne voulant en admettre aucune, lui dit avec emportement: «Si je vous ordonnais de vous jeter à la mer, vous devriez, sans hésiter, y sauter la tête la première.» Le marquis, au lieu de répliquer, se retourne brusquement et prend le chemin de la porte. «Où allez-vous? s'écrie roi.--Apprendre à nager, sire.»

Avec qui le marquis causait-il?--Sur quel sujet?--Quelle était l'opinion du marquis?--Quelle était celle du roi?--Que dit-il au marquis?--Que fit celui-ci?--Que lui demanda le roi?--Que répondit le marquis?

113. MARCEAU

La figure de Marceau brille parmi tous les soldats de la Révolution, et les traits intéressants abondent dans l'histoire de sa belle carrière. Il s'engagea à seize ans et conquit rapidement ses épaulettes d'officier. Envoyé à Verdun, qu'assiégeaient les Prussiens, il se fit remarquer parmi les officiers qui s'opposèrent le plus énergiquement à la capitulation de la place. Quand on dut enfin se rendre, Marceau reçut la pénible mission de porter au camp ennemi la ratification du traité. Arrivé sous la tente du roi de Prusse, la colère et sa douleur patriotique le firent éclater en sanglots. Le lendemain, comme la garnison évacuait la ville, il ne peut, dit-on, s'empêcher de crier aux vainqueurs: «Au revoir dans les plaines de la Champagne!» On sait qu'en effet il ne tarda pas à prendre sur eux une brillante revanche. Les effets de Marceau et tout son argent avaient été perdus pendant le siège; un représentant du peuple en mission lui demanda: «Que voulez-vous qu'on vous rende?» Marceau, jetant un coup d'œil sur son sabre ébréché, répondit: «Un sabre nouveau pour venger notre défaite.» --CLAUDE AUGE.

Soyez prêt à donner une définition des mots les plus difficiles de cette histoire.

114. DÉFI ENTRE DEUX PEINTRES

Deux peintres en concurrence de talents, disputèrent un jour à qui l'emporterait sur l'autre. L'un peignit un rideau sur le mur d'un appartement, et ceux qui venaient pour le soulever afin d'examiner le tableau qu'ils s'attendaient à voir dessous, étaient tout émerveillés de ne toucher que la muraille. L'autre peignit une treille où pendait des grappes si bien imitées que les oiseaux venaient les becqueter. Plusieurs connaisseurs, ayant été requis de porter leur jugement sur les deux tableaux, adjugèrent la palme au peintre de la treille. Leur conclusion était basée sur ce qu'il est plus facile de tromper les hommes que les oiseaux.

Racontez l'histoire des deux peintres.

GRAMMAR REVIEW.--LESSON XVIII

Use of prepositions with infinitives.

A. 1. I was on the point of greeting[314] him. 2. I have not had the opportunity to see his play. 3. He cannot fail to be surprised. 4. I asked him if he was in the habit of being so polite. 5. It was necessary to stop[315] reading in bed for the doctor had forbidden him to do it. 6. One loses nothing by being[316] polite. 7. He seems to be unaware that it is hard to learn to speak French. 8. French is easier to read than to speak. 9. It is easier to learn it in France than at home. 10. It is hard to govern kingdoms, but they are easier to govern than women. 11. They invited me to dine at their house, but I am too ill to go. 12. He started reading the paper,[317] without thinking[318] of[319] eating,[320] but he was not long[321] in getting[322] hungry, and he finally[323] breakfasted. 13. I expected to see him in Paris, but he had gone to see his father at Lyons. 14. I have just[324] given him his money. 15. He had come to avenge himself, and he wasn't long in doing it. 16. If he happens[325] to lose his saber, he will have to give himself up. 17. I can't keep[326] from telling you that I have succeeded in avenging[327] myself. 18. Are you hard to fool?[328] 19. She was astonished to see him. 20. How do you expect[329] me[330] to give you back[331] your money?

B. Word Study. Define, in French, one or more words of the same family as each of the following:

éclater, savoir, tarder, perdre, venger, marier, défendre, vainqueur, connaisseur, jugement, usage, bonhomme, chapeau, avis, ruse, pénible, patriotique, certain, malade, étrange, poli, médical.

---

[314] saluer.
[315] cesser.
[316] *infinitive.*
[317] le journal.
[318] *infinitive.*
[319] à.
[320] *infinitive.*
[321] tarder.
[322] *infinitive.*
[323] finir par.
[324] venir de.
[325] venir à.
[326] m'empêcher de.
[327] *infinitive.*
[328] tromper.
[329] voulez-vous.
[330] que je.
[331] rendre; *why subjunctive?*

ANECDOTES

115. MANQUÉ!

Un professeur de clinique interroge un malade atteint d'une maladie de poitrine. «Quel est votre métier?--Musicien, monsieur le docteur.» Alors le professeur se tournant vers ses élèves leur dit: «Voici, enfin, messieurs, la démonstration de ce que je vous ai dit si souvent, à savoir, que la fatigue causée à l'appareil respiratoire par l'action de souffler dans un instrument de musique peut causer de graves maladies.» Puis, s'adressant de nouveau au malade: «Et de quel instrument jouez-vous?--Du violon, docteur!» Tableau!

> Où cet incident a-t-il eu lieu?--De quelle maladie s'agissait-il?--Quelle question le professeur a-t-il posée au malade?--Le professeur a-t-il voulu profiter de la réponse pour faire l'important?--Quel rapport croyait-il voir entre la maladie et le métier du malade?--S'y était-il trompé?--De quel instrument le monsieur jouait-il?
>
> Quand emploie-t-on *jouer à* et *jouer de?*

116. NAÏVETÉ D'UN VILLAGEOIS

«Monsieur, disait à son maître un domestique nouvellement arrivé de son village, ma mère m'a recommandé de lui envoyer une lettre aussitôt que j'aurais été quelques jours chez vous. Ne pourriez-vous pas m'en donner une dont vous n'auriez que faire, et je la lui enverrais?»

> Qu'est-ce que la mère avait recommandé à son fils?--Était-ce la première fois qu'il se séparait d'elle?--Quelle expérience avait-il des lettres?--Comment a-t-il voulu suivre la recommandation de sa mère?

117. CURIOSITÉ SATISFAITE

«Je n'ai jamais pu comprendre, disait un provincial visitant une exposition, comment ces tourniquets fonctionnent. Qu'est-ce qui les met en mouvement?--Une pièce d'un franc,» répondit tranquillement le préposé.

> Où le provincial se trouvait-il?--Qu'est-ce qui lui tourmentait l'esprit?--Quelle question a-t-il posée au fonctionnaire?--Celui-ci a-t-il voulu se donner la peine de répondre aux questions?--Comment a-t-il coupé court à toute discussion?

118. DANS LE ROYAUME DES AVEUGLES LES BORGNES SONT ROIS

Deux maires de province se promenaient sur les boulevards de Paris.--«Quel est le sens de ces deux mots que je vois sur l'enseigne de ce café: "Soda Water"?--Mon cher ami, vous ne savez done pas lire? C'est anglais, sans doute, mais la traduction est au-dessous: voyez plutôt: «Billard au Premier.»

> Comment le mot *province* s'emploie-t-il en français?--Où les deux fonctionnaires se promenaient-ils?--Quelle enseigne a attiré leurs regards?--L'un des provinciaux était-il plus au courant que l'autre?--Comment a-t-il tâché d'interpréter le terme anglais?

119. NUL BIEN SANS PEINES

Un charretier, qui passait devant un homme au pilori, demanda ce que disait l'écriteau attaché au-dessus de sa tête. «Il dit, lui répliqua quelqu'un, que ce criminel est un faussaire.--Et qu'est-ce que c'est qu'un faussaire?--C'est un homme qui contrefait la signature d'un autre.--Eh bien! mon pauvre diable, s'écria-t-il en s'approchant du coupable, voilà ce que c'est que d'avoir appris à écrire.»

> Comment se servait-on autrefois du pilori?--Par où le charretier passait-il?--Qu'est-ce qu'il a vu au-dessus de la tête du coupable?--Savait-il lire?--S'est-il donné de la peine pour se renseigner sur la faute qu'avait commise cet homme?--Qu'est-ce qu'on lui a dit?--Connaissait-il le terme «faussaire»?--Quelle moralité a-t-il tirée de la circonstance?--De quai a-t-il dû se féliciter?

120. À QUOI SERT LA VACCINE?

Un homme très niais disait qu'il n'avait pas de confiance dans la vaccine. «À quoi sert-elle donc, dit-il: je connais un enfant beau comme le jour que ses parents avaient fait vacciner. Eh bien! il est mort deux jours après.--Comment! dit quelqu'un, deux jours après? De quoi donc?--Qui, il est tombé du haut d'un arbre et s'est tué raide. À quoi bon vacciner les enfants après cela?»

De quoi cet homme se méfiait-il?--Quelle circonstance citait-il pour prouver qu'il avait raison?

Faires ce récit de mémoire.

121. MOYEN DE DISSIMULER LA DESTINATION D'UNE LETTRE

Un valet reçoit de son maître l'ordre de prendre les lettres qu'il trouvera sur son bureau, et de les jeter à la poste. Il se trouva qu'il y en avait trois, dont une n'avait pas d'adresse. Le valet les jette toutes trois à la poste. Ensuite le maître s'aperçoit de la sottise. «Quoi! vous avez jeté à la poste une lettre qui n'avait pas d'adresse?--Mais, je croyais, monsieur, répond le valet, que vous ne vouliez pas qu'on sût[332] à qui vous l'adressiez.»

122. DEUX À DEUX

Un Français entra dans une salle de jeu où des Anglais jouaient à l'écarté. Comme il comprenait fort peu l'anglais, il dit en français à l'un des joueurs: «Comment va la partie?» Celui-ci répondit en anglais: "We are two to two." Le Français ne savait que penser d'une telle réponse. Allant ensuite à une autre table, où les joueurs avaient aussi deux points chacun, il répéta sa question, et on lui répondit: "We are two to two, too.--Toutoutou et toutoutoutou!» s'écria le Français qui crut qu'on se moquait de lui. Et il s'en alla furieux.

123. L'APPÉTIT VIENT EN MANGEANT

«À quoi sont destinés ces éléphants, ces armes, cet attirail de guerre et ces vaisseaux tout prêts à mettre à la voile?» demandait au roi Pyrrhus un sage confident, conseiller très prudent d'un monarque qui ne le fut guère. «Je pars, lui répondit le prince, pour Rome, où je suis appelé.--Qu'allez-vous y faire?--Assiéger la ville.--Le projet est admirable et digne seulement d'Alexandre ou de vous. Mais une fois Rome prise, seigneur, où irons-nous?--La conquête du reste des Latins est chose aisée.--Sans doute, on peut les vaincre. Et ensuite qui voulez-vous attaquer?--Les ports de la Sicile sont tout proches, et bientôt nos vaisseaux mouilleront devant Syracuse.--Et après?--Maîtres de cette ville, nous partons aussitôt pour Carthage, et nous nous en emparerons. La route est libre; qui est-ce qui peut nous arrêter?-

[332] Why subjunctive?

-Seigneur, je vous comprends: nous allons tout dompter. Nous allons traverser les déserts de Libye, asservir en passant l'Égypte et l'Arabie, passer le Gange, soumettre des pays inconnus, faire trembler les Scythes sur les bords du Tanaïs, et ranger sous nos lois toute une moitié du monde. Mais enfin, quand nous serons de retour, vous ne saurez plus que faire?--Oh! alors, mon cher Cinéas, victorieux et satisfaits, nous pourrons rire tout à notre aise et prendre du bon temps.--Eh! seigneur, dès aujourd'hui, sans sortir de votre royaume, qui nous empêche de rire du matin au soir?»

Racontez en quelques mots l'essentiel de cette conversation.--Quels mots vous a-t-il fallu chercher?--Donnez-en une définition en français.

GRAMMAR REVIEW.--LESSON XIX

Interrogatives.--Relative *que* in emphatic inversions.--*Penser à; penser de. Jouer à; jouer de. Savoir; connaître.*

Examples

Qui est là?--Qui avez-vous vu?--Avec qui parlez-vous?	Who is there?--Whom did you see?--With whom are you speaking?
De qui est-elle la fille?	Whose daughter is she?
À qui est cette maison?	Whose house is this?
Devinez qui j'ai vu.	Guess whom I saw.
Qu'avez-vous vu?--Que faire?--Qu'en pensez-vous?	What did you see?--What's to be done?--What do you think of it?
De quoi parlez-vous?--À quoi pensez-vous?	What are you talking about?--What are you thinking about?
Savez-vous ce que c'est?--Quoi?--Devinez quoi.	Do you know what it is?--What?--Guess what.
Je ne sais que dire ni que faire.	I don't know what to say nor do.
Laquelle de ces plumes est la vôtre? Auquel de vos amis écrivez-vous? Duquel parlez-vous?	Which of these pens is yours? To which of your friends are you writing? Of which one are you speaking?
Qui est-ce qui (or) qui.	Who (subject).
Qui est-ce que (or) qui.	Whom (object).
Qu'est-ce qui (only).	What (subject).
Qu'est-ce que (or) que.	What (object).

Qu'est-ce que la grammaire? (or) Qu'est-ce que c'est que la grammaire?	What is grammar?
Qu'est-ce? (simple question) Qu'est-ce que c'est? (emphatic) Qu'est-ce que c'est que cela? (more insistent)	What is it?
Quel livre avez-vous?--Quelle plume?--Je ne sais quelle idée lui est venue.--Quel homme!	What book have you?--What pen?--I don't know what idea has struck him.--What *a* man!
C'est un beau pays *que* la France.	France is a beautiful country.
Je ne le connais pas.	I do not know him (acquaintance).
Il joue *de* la guitarre.	He plays the guitar.
Savez-vous jouer *aux* cartes?	Do you *know how* to play cards?

A. 1. Who sent you that letter? 2. Which of the letters did you mail? 3. Do you know to whom it was addressed? 4. Whose valet is he? 5. What did you find on the desk? 6. What was[333] it that the carter said to the culprit? 7. Did he know who had forged the signature? 8. What[334] was the patient's occupation? 9. What! He is gone? I don't know what to think of[335] it.[336] 10. Who is playing cards in that room? 11. I don't know what[337] I was thinking of.[338] 12. Whose[339] is this violin? 13. It is mine, what are you going to do with[340] it?[341] 14. Whom do you wish to see?--M. Blanc.--Which one,[342] the father or the son? 15. It is a difficult thing[343] to learn to write well. 16. Does she know how[344] to play the piano? 17. Don't you know what a forger is?[345] 18. I have no[346] use for[347] your advice. 19. "Oh ! A[348]

[333] *present.*
[334] *adjective.*
[335] en.
[336] en.
[337] quoi.
[338] à; *what order?*
[339] *possession.*
[340] en.
[341] en.
[342] *omit.*
[343] *emphatic inversion; supply* que.
[344] *omit.*
[345] "*what it is that a forger.*"
[346] *omit* pas.
[347] que faire de.
[348] *definite article.*

fine thing it[349] is[350] to[351] know something!" says M. Jourdain in the «Bourgeois Gentilhomme» of Molière. 20. Did the doctor know what instrument he played? 21. The king did not know which country to attack first.[352] 22. Do you see that object? What is it? 23. If I knew him well, I would invite him.

B. Make a list of interrogative words (adverbs, etc.) not included in examples above and illustrate their use in questions and exclamations.

[349] *omit.*
[350] *omit.*
[351] *emphatic inversion; supply* que.
[352] *supply definite article.*

ANECDOTES

124. REPARTIE D'UN AMI DE VOLTAIRE

Un jour un auteur aussi célèbre par son esprit que craint pour ses épigrammes pria Voltaire de le faire inviter à un grand dîner de gala. «Je le veux bien, dit-il, mais à la condition que vous ne prononcerez qu'une seule phrase.--Convenu.» Au dîner, on sert un plat de petits poissons et Voltaire, qui en était friand, le mange à lui tout seul. «Ah! s'écrie-t-il satisfait, j'ai mangé de ces petits poissons autant que Samson tua de Philistins.» L'autre, qui n'avait rien dit jusque là, ouvre la bouche et grogne: «Avec la même mâchoire.»

Redoutait-on avec raison le célèbre satirique?--Où voulait-il se faire inviter?--À qui s'est-il adressé dans ce but?--À quelle condition l'autre a-t-il consenti à lui faire ce service?--Le premier est-il demeuré d'accord?--A-t-il tenu parole?--Quel plat a-t-on servi au dîner?--Voltaire l'a-t-il trouvé à son goût?--Comment s'est-il exprimé là-dessus?--Le satirique a-t-il continué à garder le silence?

Faites ce récit de mémoire.

125. PLUS DE CONFIANCE EN MOINS DE MÉRITE

On sait que Molière n'avait aucune confiance dans les médecins, et qu'il s'en moqua dans quelques-unes de ses comédies, où il exposait leur charlatanisme. Une fois, voyageant en Auvergne, il tomba malade à une petite distance de Clermont. On lui proposa d'envoyer chercher un médecin célèbre de cette ville. «Non, non, dit-il, je n'oserais m'y fier; c'est un trop grand homme pour moi; allez me chercher le chirurgien du village voisin; il n'aura peut-être pas la hardiesse de me tuer.»

Quelle opinion Molière avait-il de la profession de médecin?--Y avait-il en effet beaucoup de charlatanisme au XVIIe siècle?--Quel moyen Molière avait-il d'exposer l'exploitation de la crédulité publique?--Où Molière est-il tombé malade?--Qui a-t-on voulu faire venir?--Molière s'y est-il opposé?

Soyez prêt à définir les mots les plus difficiles de cette histoire.

126. TROP TARD

Chasseur citadin: «Vous ne vous opposez pas à ce qu'on chasse[353] sur votre ferme?»--Fermier: «Plus à présent.--Y a-t-il du gibier?--Plus à présent. Un chasseur de la ville était ici la semaine dernière, et il a tué le dernier mouton.»

Quelle permission le chasseur sollicitait-il?--Le fermier y a-t-il fait des obstacles?--Pourquoi était-il inutile de demander la permission de chasser sur ses terres?

Racontez plus au long cet incident.

127. MOYEN D'ÉVITER LES DISCUSSIONS

Un financier avait l'habitude de rassembler ses actionnaires, une fois par an, dans une immense salle où il n'y avait ni chaises ni table. Il lisait son rapport; puis il ajoutait: «Que tous ceux qui approuvent se lèvent.» Naturellement personne n'étant assis, le brave homme s'écriait: «Approuvé à l'unanimité!» et déclarait la séance levée.

Quelle coutume le capitaliste avait-il?--Qu'y avait-il dans la salle?--Comment le financier s'y prenait-il pour faire approuver son rapport?--Sa ruse prenait-elle?

128. COMMENT FAIRE TAIRE UN COCHON

Charles-Quint, allant voir le cloître des Dominicains à Vienne, rencontra sur son chemin un paysan qui portait un cochon. Comme cet animal poussait des cris fort désagréables, l'empereur demanda au paysan s'il n'avait pas appris la méthode d'empêcher les cochons de crier. Le rustre avoue ingénument que non, et ajoute qu'il serait bien content de la savoir. «Prends le cochon par la queue, lui dit l'empereur, et tu verras qu'il se taira.» Le paysan le fit, et le pore se tut; puis, s'adressant à Charles-Quint: «Il faut, lui dit-il, que vous ayez[354] appris le métier plus longtemps que moi, monsieur, car vous le savez beaucoup mieux.»

Ce doit être pour jouir d'aventures pareilles que les rois vont souvent incognito.

Écrivez en 100 mots cette anecdote.

[353] Why subjunctive?
[354] Why subjunctive?

Donnez les parties principales des verbes irréguliers.

129. LA BOMBE

Charles XII a été l'un des rois de France les plus belliqueux. Voici un épisode emprunté aux œuvres de Voltaire, à l'appui de cette opinion:

Un jour qu'il dictait des lettres pour la Suède à un secrétaire, une bombe tomba sur la maison, perça le toit et vint éclater près de la chambre même du roi. La moitié du plancher tomba en pièces. Le cabinet où le roi dictait, étant pratiqué en partie dans une grosse muraille, ne souffrit point de l'ébranlement, et par un bonheur étonnant, nul des éclats qui sautaient en l'air n'entra dans ce cabinet dont la porte était ouverte. Au bruit de la bombe, et au fracas de la maison qui semblait tomber, la plume échappa des mains du secrétaire. «Qu'y a-t-il done? lui dit le roi d'un air tranquille; pourquoi n'écrivez-vous pas?» Celui-ci ne put répondre que ces mots: «Eh! sire, la bombe!--Eh bien! Reprit le roi, qu'a de commun la bombe avec la lettre que je vous dicte? Continuez!»

Racontez cette histoire.

130. LE BAVARD

Un jeune fat tenta un jour de lier conversation avec Aristote. Le philosophe cependant ne prêtait guère attention à ce que l'autre lui disait. Le babillard, après s'être épuisé en vains propos, voyant qu'Aristote ne lui répondit rien: «Je vous incommode peut-être, lui dit-il, ces bagatelles vous détournent de quelques pensées plus sérieuses?--N'importe, répondit Aristote, vous pouvez continuer: je n'écoute pas.» Moyen efficace pour se débarrasser d'un fâcheux, mais dont beaucoup de gens n'auraient pas le courage de se servir.

Comment le bavard a-t-il abordé le philosophe?--Celui-ci a-t-il attaché une grande importance aux paroles du jeune homme?--Le fat s'en est-il aperçu enfin?--A-t-il eu l'aplomb de continuer?--De quel moyen le penseur a-t-il usé pour se débarrasser de lui?

131. CRUAUTÉ BARBARE!

«Ne me parlez pas de vos compagnies d'assurances sur la vie, s'écriait une bonne femme indignée: ça n'est bon à rien! Quand mon pauvre mari était sur son lit de mort, j'ai demandé à une compagnie d'assurances d'envoyer quelqu'un pour assurer immédiatement la vie du malade! Croiriez-vous qu'on a eu la cruauté de ne m'envoyer personne?»

Développez en forme d'anecdote.

132. LE PAUVRE NE CRAINT PAS LES VOLEURS

Un voleur s'était introduit pendant la nuit dans la chambre d'un homme pauvre. Il tâtonne et cherche quelque chose â voler. Il s'était trompé, sans doute. Le pauvre, qui ne dormait pas, se met sur son séant et lui dit: «Tu perds ton temps, mon ami, en venant de nuit chercher quelque chose où je ne puis rien trouver pendant le jour. ÇCcedil;a ne vaut pas la peine.»

Où le voleur avait-il pénétré?--Que venait-il y faire?--Est-ce que ses recherches ont été couronnées de succès?--Qui le guettait?--Pourquoi le pauvre se moquait-il des voleurs?

Faites ce récit de mémoire.

GRAMMAR REVIEW.--LESSON XX

Negatives. *Ne ... pas, point, jamais, plus, guère, rien, personne, pas un, que, aucun, nul, ni.*-Order of negative particles with infinitive.--Omission of *pas* after *savoir, pouvoir, cesser, oser*.--*Que* introducing *oui, non*, etc., after verbs of saying, thinking and the like.--Idioms: aller chercher, envoyer chercher, vouloir bien, valoir la peine.

1. Don't speak to me. 2. I didn't speak to you. 3. She hardly pays attention to what people[355] say to her. 4. This table is good for[356] nothing, but never mind,[357] I don't need[358] it any longer. 5. I didn't sleep at all[359] last night. 6. That pig isn't worth the trouble of stealing[360] it. 7. I wrote but[361] a single sentence. 8. Not a one of us was invited to the dinner. 9. No author is more celebrated for[362] his wit than he. 10. Nobody fears him; he never opens his[363] mouth. 11. What have you found? Nothing. 12. Haven't you any confidence in him? None. 13. I asked him if he was satisfied and he said no. 14. Has dinner been served? Not yet. 15. Have they[364] sent for the doctor? I think so.[365] 16. I've only eaten three fish. 17. Nothing is harder than to talk when one would prefer not[366] to utter a single word. 18. He

[355] on.
[356] valoir.
[357] n'importe (*omit* pas).
[358] avoir besoin de.
[359] point; *order?*
[360] *infinitive.*
[361] ne ... que.
[362] par.
[363] *definite article.*
[364] on.
[365] oui.
[366] aimerait mieux ne pas.

can't and[367] won't learn French. 19. Why doesn't he go get the surgeon? 20. He doesn't know where to find him. 21. He doesn't stop[368] grumbling.[369] 22. Neither the king nor the rustic knew how to keep the pig from squealing.[370] 23. Never will I be able to do it. 24. None of the bombs burst near us. 25. Voltaire ate nothing but fish. 26. Will you kindly not sing so loudly[371]? 27. Will you pronounce this word? Yes, I am willing. 28. It isn't worth the trouble.

[367] ni ne.
[368] cesser.
[369] *infinitive.*
[370] *infinitive.*
[371] fort.

ANECDOTES

133. PIRON PREND SON RANG

Piron, poète français, dînait un jour chez un financier. Comme on allait se mettre à table, une personne distinguée de la compagnie l'engagea à passer devant lui pour se rendre dans la salle à manger. Le maître de la maison s'apercevant de leur cérémonie, dit à l'homme titré: «Eh! monsieur le comte, c'est un auteur, ne faites point de façons...» Piron, qui sentait qu'on voulait l'abaisser, met aussitôt le chapeau, et marche fièrement le premier, en disant: «Puisque les qualités sont connues, je prends mon rang.»

> Ou le poète dînait-il un jour?--Comment un certain monsieur a-t-il voulu témoigner du respect pour lui?--Le maître de la maison faisait-il beaucoup de cas de Piron?--Ce dernier s'est-il montré sensible à l'affront?--S'est-il laissé abaisser?

134. L'ÉPITAPHE DE PIRON, ÉCRITE PAR LUI-MÊME

Ci-gît Piron, qui ne fut rien
Pas même académicien.

135. TEL PÈRE TEL FILS

Les enfants sont censés admirer les talents de leurs pères. L'oncle Georges faisait une visite il y a quelque temps chez son frère, dont le fils a dix ans. «Eh bien! mon neveu, dit-il au petit, je suppose que vous regardez votre père comme un grand homme?--D'abord, répond le neveu, je ne m'en étais pas aperçu, mais quand on m'a dit que je lui ressemblais, j'ai changé d'avis.»

> Les enfants sont-ils admirateurs des qualités de leurs parents?--De qui l'oncle parlait-il avec son petit neveu?--Ce dernier admettait-il le talent de son père?--À quoi l'a-t-il reconnu?

136. COMME ON FAIT SON LIT ON SE COUCHE

«J'ai remarqué, disait un fat, qui voulait faire le plaisant, que dans beaucoup de maisons on passe la moitié de la soirée à prier les gens de chanter, et l'autre moitié à le regretter.»

137. L'ENFANT STUPIDE

Le maître d'une petite école de province reprochait à un élève âgé de seize ans de ne pouvoir résoudre un simple problème. «Mais il est trop difficile pour moi, monsieur, dit l'élève.--Quel âge avez-vous? demanda le maître.--Seize ans, monsieur.--Seize ans, et vous ne pouvez résoudre un problème aussi facile? Savez-vous bien qu'a votre âge Washington était déjà géomètre?»

L'élève ne répondit pas. Après la classe, un de ses camarades lui demanda si Washington s'était, à l'âge de seize ans, distingué de quelque autre manière. «Tout ce que je sais, dit le gamin, c'est qu'il était géomètre à mon âge et président des États-Unis à l'âge de notre maître.»

Quel reproche le maître a-t-il fait à l'élève?--Par quel contraste a-t-il voulu lui faire honte de sa stupidité?--La semonce a-t-elle eu l'effet désiré?--Quelle réflexion le gosse y a-t-il faite?

Racontez cette anecdote.

138. L'HOMME RECHERCHÉ

Deux individus étaient en grande conversation sur la manière de réussir dans la vie. L'un dit à l'autre: «Voyez-vous cet homme là-bas? Il a laissé derrière lui quantité de gens qui se démènent pour le rattraper.--Qui est-il? demanda l'autre.--C'est un conducteur d'omnibus.»

139. MEILLEUR MARCHÉ

C'était dans un petit village à l'époque où le tabac se vendait sept sous l'once. Un bonhomme entre dans une petite boutique et le dialogue suivant s'établit entre lui et la marchande. «Combien l'once de ce tabac?--Sept sous.--Combien la demi-once?--Quatre sous.--Pesez-m'en une demi-once.» La marchande le fit. «À présent, pesez-m'en une autre demi-once.»

La bonne femme poussa les deux paquets devant le pratique avec un sourire, s'imaginant qu'il allait payer l'once entière. Mais le rusé coquin, ayant mis les deux paquets l'un à côté de l'autre: «Le premier, dit-il, coûte quatre sous, et celui-ci trois sous, n'est-ce pas? Eh bien! je n'hésite pas, je prends le dernier. Au revoir.»

Écrivez en 100 mots cette histoire.

Faites des phrases en employant les mots soulignés.

140. LE MARÉCHAL DE LUXEMBOURG

C'était en 1692. Le maréchal de Luxembourg, à la tête de 70,000 Français, guerroyait contre les Anglo-Hollandais commandés par Guillaume d'Orange. Ce dernier, qui s'était déjà illustré en plus de vingt combats, était un adversaire redoutable. Aussi le maréchal, à la veille de lui livrer bataille, lança-t-il un certain nombre d'espions dans la campagne. L'un de ceux-ci, après avoir échappé cent fois au danger d'être fait prisonnier, fut enfin pris par les Anglais. On le contraignit à écrire un faux avis au maréchal de Luxembourg, campé à quelques milles seulement. Celui-ci dispose ses troupes d'après cet avis perfide, et l'ennemi ne tarde pas à l'attaquer sur son point le plus faible. La déroute des nôtres commence. Mais le maréchal change aussitôt la disposition du combat; quoique malade, il charge trois fois en personne et ramène la victoire sous nos drapeaux. Ce fut la bataille de Steinkerque. Nos ennemis, après y avoir perdu 18,000 hommes, laissèrent entre nos mains environ 80 enseignes et 15,000 prisonniers. Guillaume enrageait de ne pouvoir battre Luxembourg, et se moquait des infirmités de son adversaire. Le maréchal était un peu contrefait, «Ne pourrai-je jamais battre ce vilain bossu? Disait Guillaume.--Comment sait-il que je suis bossu? ripostait Luxembourg, il ne m'a jamais vu par derrière!»--CLAUDE AUGÉ.

Soyez prêt à définir en français les verbes qui se trouvent dans cette histoire et à en donner les parties principales.

141. FIDÈLE AUX ORDRES

Mme de M... était ordinairement chez elle le vendredi. Un jour elle avait donné l'ordre à son suisse de dire qu'elle n'y était pas. Le soir, dans le nombre de ceux qui s'étaient présentés, le suisse lui nomme Mme V..., sa sœur. «Eh! dit-elle, ne vous ai-je pas déjà dit que, quelque ordre que je vous donne,[372] j'y suis toujours pour elle?» Le lendemain Mme M... sort, Mme V... revient: «Ma sœur y est-elle?--Oui, madame,» répond le suisse. Mme V. monte; elle frappe longtemps. Elle redescend. «Il faut bien que ma sœur n'y soit pas.[373]--.Non, madame, dit le suisse, mais elle y est toujours pour vous.»

Quel ordre madame avait-elle donné au suisse?--De quai a-t-il tenu compte, le soir, à sa maîtresse?--En était-elle contente?--La sœur est-elle revenue?--Qu'a-t-elle demandé?--Le suisse s'est-il rappelé l'ordre de madame?--Est-ce que madame n'était pas

[372] Why subjunctive?

[373] Why subjunctive?

sortie?--Quel soupçon la sœur a-t-elle conçu?--Comment le suisse a-t-il expliqué sa conduite?

GRAMMAR REVIEW.--LESSON XXI

Articles.--Omission of indefinite article.--Distributive use of definite article.--Review cardinals and ordinals.--Age.--Dates.--Fractions.

Examples

Cet homme est avocat (général, prêtre, Anglais, etc.).	That man is *a* lawyer (*a* general, *a* priest, *an* Englishman, etc.).
Son frère est *un* avocat (etc.) célèbre.	His brother is a celebrated lawyer (etc.).
C'est *un* Français (un acteur, etc.).	It (he) is a Frenchman (an actor etc.).
Lamartine, poète et homme politique, est né à Macon.	Lamartine, a poet and politician, was born at Macon.
Cent livres.--Mille mercis.	A hundred books.--A thousand thanks.
Quel homme!	What *a* man!
Dix sous *la* pièce.--Cinq francs *la* livre (*le* mètre, etc.).	Ten cents *a* piece.--Five francs *a* pound (*a* meter etc.).
Deux fois *par* jour.--Cinq francs *par* leçon.	Two times *a* day.--Five francs *a* (or *per*) lesson.
Elle est chez elle le jeudi (or) les jeudis.	She is at home *on* Thursday (or) every Thursday.
Il est arrivé lundi (passé).	He came (last) Monday.
Il arrivera mardi (prochain).	He will arrive (next) Tuesday.
Le premier mai.--Le deux avril.	May first.--April second.
Quel âge a-t-il?--Il a dix ans.	How old is he?--He is ten.
Une femme âgée de trente ans.	A woman thirty years old.
Une demi-heure.--Deux heures et demie.--La. moitié du temps.	A half hour.--Half past two.--Half the time.

A. 1. Piron was a French poet, who lived[374] in[375] the eighteenth century.[376] 2. He was born[377] at Dijon, a city of France, July 9, 1689. 3. His father was an apothecary.[378] 4. Piron was[379] never a member of the Academy. 5. He died[380]

[374] vivre; *past definite.*

[375] à.

[376] siècle (*m.*).

[377] naître; *past definite.*

[378] pharmacien (*m.*).

[379] *past definite.*

[380] mourir; *past definite.*

January 21, 1773, at the age of eighty-three.[381] 6. She has spent an hour and a half singing.[382] 7. Who is that man? He[383] is a marshal of France. 8. A child seven years old cannot solve these problems. 9. Was he a Frenchman or an Englishman? 10. I only have half a pound of tobacco, but I'll give you half of it. 11. He earns ten francs a day. 12. She always goes out on Sunday. 13. I am going to dine at an author's house Friday. 14. Last Monday I spent the evening at my uncle's. 15. I paid ten cents an ounce for[384] this tobacco. 16. Thank-you[385] a thousand times! 17. She says she is only thirty! 18. The enemy attacked us first.[386] 19. At first[387] I didn't want to sing. 20. What a man! He changes[388] his[389] mind[390] a hundred times a day. 21. The President of the United States receives $75,000 a year. 22. I am going to change[391] my[392] hat. 23. Whatever[393] problem you give[394] me, I can work it.

B., Word Study, Use in sentences: audacieux, audace, aussi, aussitôt, autorisation, autorité, habile, habiller, hôte, hôtelier, humble, humilier, maladresse, maladroit, penser, penseur, pensif.

Be careful to note that in some cases words are very similar but are of different meaning and not necessarily from the same root.

---

[381] *supply* years.
[382] à *with infinitive.*
[383] Ce.
[384] *omit.*
[385] merci.
[386] le premier.
[387] d'abord.
[388] changer de.
[389] *omit.*
[390] avis.
[391] changer de.
[392] *omit.*
[393] quelque ... que.
[394] *subjunctive, why?*

ANECDOTES

142. L'ENSEIGNE DU CHAPELIER

Un de mes amis, voulant s'établir chapelier, consulta plusieurs de ses connaissances sur l'important chapitre de l'enseigne. Celle qu'il se proposait d'adopter était ainsi conçue: «John Thompson, chapelier, fait et vend des chapeaux au comptant»; suivait le chapeau, signe auquel on reconnaît tous ceux de sa profession. Le premier ami dont il réclama les conseils lui fit observer que le mot chapelier était tout à fait superflu, et qu'il vaudrait mieux le supprimer; il en convint sur-le-champ et le mot fut rayé. Le second remarqua qu'il était à peu près inutile de mentionner que John vendait au comptant. «Peu de gens, dit-il, achètent à crédit un article d'aussi peu d'importance qu'un chapeau; et, au cas où l'on demanderait crédit, il peut arriver que le marchand lui-même trouve[395] à propos de l'accorder.» Les mots furent en conséquence effacés, et l'enseigne se borna à cette courte phrase: «John Thompson fait et vend des chapeaux.» Un troisième ami l'abrégea encore en affirmant que ceux qui avaient besoin de se pourvoir d'un chapeau s'inquiétaient peu de savoir par qui il était fait. Mais quand un quatrième conseiller lut les mots restants: «John Thompson vend des chapeaux,» il s'écria: «Eh! mon Dieu! croyez-vous qu'on s'imaginera que vous voulez les donner?» En conséquence, deux mots de plus ayant été supprimés, il ne resta que le nom du marchand et l'effigie du chapeau.

Écrivez cette histoire.

143. LE FAIBLE DES CONTEURS

Tout conteur se répète: voilà le grand inconvénient du métier. Un conteur de profession, auquel on reprochait ce défaut, répondit assez naïvement: «Il faut bien que vous me permettiez[396] de vous redire de temps en temps mes petits contes; sans cela je les oublierais.»

---

[395] Why subjunctive?

[396] Why subjunctive?

Quel est le faible des conteurs?--Avec qui parlait-on de cet inconvénient?--Comment s'est-il justifié?

144. L'ASTROLOGUE SAUVÉ PAR SA PRÉSENCE D'ESPRIT

Un astrologue, sous le règne de Louis XI, ayant prédit quelque chose de désagréable à ce roi, sa majesté, pour se venger, résolut de le faire mourir. Il envoie le jour suivant chercher l'astrologue, et ordonne à ses gens, à un signal donné, de le jeter par la fenêtre. Aussitôt que le roi le voit: «Vous qui prétendez, dit-il, être si sage, et savoir si parfaitement la destinée des autres, dites-moi un peu quelle est la vôtre, et combien de temps vous avez encore à vivre.» L'astrologue, qui savait qu'il y allait de sa vie, répondit avec une grande présence d'esprit: «Je sais ma destinée, et je suis certain de mourir trois jours avant votre majesté.» Le roi, là-dessus, loin de le faire jeter par la fenêtre, fit prendre, au contraire, le plus grand soin de lui, et fit tout ce qui était en son pouvoir pour retarder la mort de celui qu'il devait sitôt suivre.

Qu'est-ce que l'astrologue avait prédit?--Quelle était la résolution du roi?--Où a-t-il envoyé le jour suivant?--Qu'avait-il ordonné à ses gens?--Quelle question le roi a-t-il posée à l'astrologue?--Comment celui-ci y a-t-il répondu?--Qu'est-ce qui a effrayé le roi?--Quelle a été sa conduite après l'entrevue?

Racontez en 200 mots cette histoire.

Donnez un ou deux mots formés des mots soulignés: *sauvé*--sauveur, sauvetage.

145. UN MOT DE TRIBOULET

L'usage des bouffons fut légué par l'antiquité au moyen âge. Il se perpétua sous les rois de France, et l'emploi d'amuseur officiel devint une véritable charge à la cour des Valois. Les bouffons étaient, en général, des nains contrefaits que l'on affublait d'une livrée bizarre et que les rois ou les princes entretenaient auprès d'eux pour s'amuser de leurs facéties.

Triboulet, qui vécut sous Louis XII et François, I, est un de nos bouffons les plus célèbres. Son esprit, fertile en saillies, ne ménageait personne; mais ses bons mots étaient si plaisants que, d'ordinaire, le rire qu'ils provoquaient disposait à l'indulgence. Cependant il rencontra parfois sur son chemin des gens qui accueillirent mal ses plaisanteries. Un jour même, certain seigneur se fâcha si fort contre Triboulet qu'il le menaça de lui passer son épée à travers le corps. Le pauvre bouffon, tout effrayé, vint se plaindre au roi du mauvais traitement dont on le menaçait. «Que ton ennemi, s'écria François I, ne s'avise[397] pas de commettre une si sotte action, car je le fais pendre un quart d'heure après.--Merci, prince, répondit le bouffon; je n'attendais pas moins de votre générosité. Mais voulez-vous mettre le comble à votre bonté?--Que dois-je donc t'accorder encore?--Faites-le pendre un quart d'heure avant.»--CLAUDE AUGÉ.

Comment les rois se faisaient-ils divertir autrefois?--L'emploi de bouffon était-il important au moyen âge?--Qui est-ce qui servait, le plus souvent, d'amuseur officiel?--Comment était-il habillé?--À quelle époque Triboulet a-t-il vécu?--S'amusait-on de ses plaisanteries?--Est-ce qu'il a fait prendre la mouche à ses victimes quelquefois?--De quai l'a-t-on menacé une fois?--Chez qui a-t-il couru?--Celui-ci qu'a-t-il promis de faire?--Qu'est-ce que Triboulet a demandé encore?

Soyez prêt à donner une définition des mots les plus difficiles.

146. LE PAYSAN ET LE PRINCE

Il était une fois un prince puissant et opulent qui pour agrandir le parc de son château, dépouilla un pauvre paysan du seul morceau de terre qu'il possédait. Un jour, comme il se promenait, triste et préoccupé, dans le champ qu'il avait volé, il vit le paysan qui s'approchait de lui, tenant à la main un sac vide. «Je viens vous parler, prince, dit-il, les larmes aux yeux, de vouloir bien accorder une grâce à celui que vous avez volé; souffrez qu'il emporte[398] de son patrimoine seulement autant de terre que se sac peut contenir.--Je ne puis vous refuser l'objet de cette sotte demande,» répondit l'usurpateur.

Le paysan remplit alors de terre son sac: «J'ai encore une grâce à vous demander, dit-il ensuite à son fief interlocuteur, c'est de m'aider à charger ce sac sur mon épaule.» Le prince y consentit, bien qu'impatienté et prêt à entrer en colère; mais lorsqu'il voulut soulever le sac plein, il s'écria: «Je suis fou de vouloir soulever ce sac, il est trop lourd; homme singulier, emportez-le comme vous pourrez.» Alors le paysan, se redressant devant le prince, lui dit: «Un seul sac de cette terre est déjà trop lourd pour vous, et vous ne craignez pas de charger votre conscience de tout le poids de ce champ!»

Frappé de ces paroles, le prince comprit l'injustice de l'action qu'il avait commise et il restitua aussitôt au paysan le champ qu'il lui avait pris.

Écrivez en 300 mots cette histoire.

[397] Why subjunctive?

[398] Why subjunctive?

GRAMMAR REVIEW.--LESSON XXII

Impersonal verbs.--Use of *falloir*.--Present participles. Relative clause used for active infinitive or present participle.--Review also weather and time expressions.

Examples

Il faut travailler pour réussir.	One must work to succeed.
Il me faudra partir demain.	I shall have to go to-morrow.
Il faut que l'enfant revienne.	The child must come back.
Il lui faut un chapeau neuf.	He needs a new hat.
Une femme charmante.--Une femme chantant la Marseillaise.	A charming woman.--A woman singing the Marseillaise.
Je l'ai vu qui travaillait.	I saw him work (working).
Il a cessé *de chanter.*	He has stopped *singing.*
Il vaut mieux rester, il va pleuvoir.	It is better to stay, it is going to rain.
Il est deux heures.	It is two o'clock.
Il fait beau temps.	The weather is fine.

A. 1. One must amuse oneself. 2. By [399] telling his stories, the story-teller keeps[400] himself from forgetting[401] them. 3. I have to have (I need) a book. 4. It is a question[402] of getting-revenge[403] and there remains only[404] one way. 5. It seems[405] to me that it would be better to avenge yourself by[406] throwing him out of the window. 6. I see the king coming.[407] 7. It is half past seven; there still remains a quarter of an hour for[408] me to work. 8. He was walking in the park, because it was fine weather. 9. It happened[409] that he came to consult me. 10. It is an important matter. 11. Never mind,[410] it is better to wait. 12. We must not strike out the two remaining words. 13. What time is it? Must we be going? 14. It is fitting[411] that she remain[412] here. 15. She must amuse the children by telling them

---

[399] en.
[400] empêcher.
[401] *not present participle.*
[402] s'agir.
[403] se venger
[404] ne ... que.
[405] sembler.
[406] en.
[407] *relative clause.*
[408] *omit.*
[409] arriver.
[410] n'importe.
[411] convenir.
[412] *subjunctive, why?*

amusing stories. 16. Triboulet knows that his life is at stake.[413] 17. He is sure of dying.[414] 18. Far from amusing[415] me, he angered me. 19. Wishing to buy a hat, he entered the hatter's. 20. The following week it rained. 21. After filling[416] the sack, he started[417] to lift it. 22. Let[418] them[419] not have[420] him hanged.[421] 23. Do not suffer the peasant to approach[422] me.

B. Word Study. Use in sentences: personne, personnage, perte, perdre, périr, péril, pitié, piteux, plaindre, plainte, pleurer, pleuvoir, poison, poisson, port, porte, pouvoir, pourvoir, propos, propre, repas, repasser, rester, reposer, sanglant, sanglot.

---

[413] il y va de sa vie.

[414] *not present participle.*

[415] *not present participle.*

[416] *perfect infinitive.*

[417] vouloir.

[418] que.

[419] on.

[420] faire; *subjunctive, why?*

[421] *infinitive.*

[422] s'approcher de; *subjunctive, why?*

ANECDOTES

147. LA TÊTE SUR LES ÉPAULES

Quand Robespierre fut guillotiné, un officier gascon de l'armée française exprima ainsi l'effroi que lui avait inspiré ce tyran: «Toutes les fois que j'entendais proférer le nom de Robespierre, je portais la main à ma tête pour m'assurer qu'elle était encore sur mes épaules.» Ce que c'est que d'avoir l'humeur gasconne!

> Dans quelle époque Robespierre a-t-il joué un rôle prépondérant?--Comment est-il mort?--L'officier gascon a-t-il été un témoin oculaire de sa mort?--Quel sentiment a-t--il conçu du grand homme?

148. L'IMITATION DU TONNERRE

Un voyageur racontait avec un air de vérité des histoires si incroyables qu'un de ses auditeurs, vexé de son impertinence, lui dit: «Mais, monsieur, tout cela est peu de chose quand je puis vous assurer que le célèbre organiste Vogler imita une fois le tonnerre d'une manière si parfaite, qu'il fit cailler le lait à trois lieues à la ronde.»

> De quoi le voyageur parlait-il?--Ses histoires avaient-elles l'air d'être des contes en l'air?--S'est-on lassé de l'entendre en conter?--Comment s'est-on joué de lui?--Jusqu'où allait le talent de Vogler?

149. LE PRÉ PAVÉ

Un homme de la campagne se plaignait à un homme de la ville que les taupes ravageaient son pré: «Parbleu! vous êtes bien bon, répond le citadin, faites-le paver.»

> Avec qui le campagnard s'entretenait-il?--À quel sujet a-t-

il témoigné de l'inquiétude?--Comment les taupes sont-elles nuisibles?--Les citadins sont-ils généralement très ferrés sur les choses de la campagne?--Celui dont il est question faisait-il exception à la règle générale?

150. LE FAT DÉBOUTÉ

Un paysan, chargé de fagots, criait en passant dans une rue: «Gare! gare!» afin de ne heurter personne. Un fanfaron croyant qu'il était au-dessous de lui de se déranger, se laissa accrocher, et son habit fut déchiré. Il s'emporte alors contre le paysan, et le traduit devant le juge de paix pour lui faire payer son habit. Le paysan, étant interrogé, ne répond rien. «Êtes-vous muet, mon ami? lui dit le magistrat.--Non, interrompit le plaignant, il fait le muet maintenant, parce qu'il ne peut pas se défendre; mais quand je l'ai rencontré ce matin, il criait si fort «Gare! gare!» qu'on aurait pu l'entendre à une lieue.--Et pourquoi donc, lui dit le juge de paix, ne vous êtes-vous pas garé?» Il va sans dire que le fat fut débouté de sa demande.

De quai ce paysan était-il charge?--Qu'est-ce qu'il criait?--Qu'est-il arrivé à un fanfaron?--Qu'est-ce qu'il a fait au paysan?--Quelle a été la conduite de celui-ci?--Le magistrat que lui a-t-il demandé?--Qu'est-ce que le plaignant a dit ensuite?--Est-ce qu'il s'est trahi par cette déclaration?

Racontez en 150 mots cette histoire.

151. PROBITÉ D'UN PAYSAN

Dans une campagne que nos troupes firent en Flandre, un capitaine de cavalerie reçut l'ordre d'aller au fourrage avec sa compagnie. Il aperçoit de loin une cabane, il y dirige ses pas et frappe à la porte. Un vieillard se présente. «Brave homme, dit le capitaine, montrez-moi, je vous prie, un champ où je puisse[423] faire fourrager mes cavaliers.--Volontiers,» répond le vieillard. Aussitôt le bonhomme se met en tête du détachement et remonte avec lui le vallon. Après un quart d'heure de marche, ils rencontrent un beau champ d'orge. «Voilà ce qu'il nous faut, dit le capitaine.--Attendez un peu, reprend le paysan, et vous serez content.» On continue de marcher, et un quart de lieue plus loin on trouve un nouveau champ d'orge où le paysan invite les cavaliers à descendre. La troupe met pied à terre, coupe le grain, le met en trousse, et remonte à cheval. L'officier dit alors à son guide: «Mon brave homme, vous nous avez fait faire une course inutile: le premier champ valait bien celui-ci.--Cela est vrai, répliqua le vieillard, mais il n'est pas à moi.»

Dans quel pays les troupes se trouvaient-elles?--Quel ordre le

[423] Why subjunctive?

capitaine a-t-il reçu?--Où s'est-il dirigé?--Qui lui a ouvert, quand il a frappé?--Le bonhomme voulait-il bien montrer au capitaine ce qu'il cherchait?--Où est-on allé ensuite?--Pourquoi le paysan est-il allé si loin?

Écrivez cette histoire.

152. LE QUART D'HEURE DE RABELAIS

Rabelais, à ce qu'on raconte, se trouva un jour à Lyon sans argent pour payer son hôte, et en même temps il se voyait dans l'impossibilité de continuer son voyage jusqu'à Paris. L'ingénieux auteur eut alors recours au stratagème suivant: il fit écrire, par un enfant, des étiquettes qu'il colla sur de petits sachets; elles portaient les mots: poison pour le roi, poison pour la reine, poison pour le dauphin. L'enfant effrayé prévint l'aubergiste et celui-ci, pris d'un beau zèle, fit aussitôt arrêter notre homme. Rabelais fut conduit à Paris sous bonne escorte..., et aux frais de l'État. Arrivé dans la capitale, il demanda qu'on le menât[424] immédiatement devant le roi. François I, en reconnaissant le prétendu criminel qu'on lui présentait, devina qu'il s'agissait de quelque beau tour. Il se fit conter les faits et en rit beaucoup avec le héros de l'aventure. C'est dans cette anecdote qu'il faudrait, d'après certains auteurs, voir l'origine d'une expression bien connue: nous voulons parler du «quart d'heure de Rabelais.» On appelle ainsi le moment quelquefois embarrassant où il faut délier les cordons de la bourse, et, par extension, tout moment fâcheux et désagréable.--CLAUDE AUGE.

Où se trouvait Rabelais?--Pourquoi ne pouvait-il continuer son voyage à Paris?--De quel stratagème a-t-il usé pour y arriver?--Le garçon s'est-il effrayé?--À qui a-t-il dit la chose?--Que devint Rabelais?--Qu'est-ce qu'il a demandé une fois arrivé à Paris?--Le roi l'a-t-il reconnu?--Le roi a-t-il pris la chose en bonne ou en mauvaise part?--Fait-on quelquefois allusion à cet incident?--Quelle expression s'emploie en parlant d'une situation embarrassante?

Donnez une définition des mots les plus difficiles.

À quelle époque Rabelais a-t-il vécu?

153. LA MONTRE DE NEWTON

On s'amuse souvent et avec raison des distractions des professeurs. Plus on concentre ses facultés sur des questions philosophiques, et moins on s'aperçoit de ce qui se passe dans la vie matérielle. Voici une anecdote à l'appui de cette thèse:

---

[424] Why subjunctive?

Newton, illustre penseur anglais, était un jour absorbe dans ses profondes méditations philosophiques, lorsque sa domestique entra dans son cabinet de travail; elle apportait une casserole et un œuf frais qu'elle voulait faire cuire en présence du maître, pour qu'il fût[425] à point; c'était le déjeuner habituel du savant. Newton, qui voulait être seul, lui dit de s'en aller, qu'il ferait cuire l'œuf lui-même. La domestique mit l'œuf sur la table, à côté de la montre du philosophe, en faisant à ce dernier la recommandation de ne le laisser que trois minutes dans l'eau bouillante, puis se retira. Quel ne fut pas son étonnement, lorsqu'elle revint une demi-heure après pour desservir, de trouver son maître devant la cheminée regardant attentivement l'œuf qu'il tenait à la main pendant que la montre bouillait dans la casserole.

Quels sont, dans cette anecdote, les mots les plus usuels? Les plus difficiles?

GRAMMAR REVIEW.--LESSON XXIII

The causative construction.--Active infinitive with *faire, laisser, entendre*, and *voir*.

Examples

Je fais étudier mon fils.	I make my son study.
Je fais étudier ses leçons à (*or* par) mon fils.	I make my son study his lessons.
Je le fais étudier.	I make him study.
Je les lui fais étudier.	I make him study them.
Elle va se faire faire une robe.	She is going to have a dress made.
Je l'entends chanter	I hear him sing. I hear it sung.
Je me laisse amuser.	I allow myself to be amused.
Il se laisse tomber.	He lets himself drop.
Je les vois venir.	I see them coming.
Je l'ai vu battre.	I saw him beaten.

A. 1. Did you hear him tell that story? 2. Yes, but I had heard it told so often that I didn't laugh at [426] it this time. 3. Thunder makes milk sour. 4. They[427] are going to have this street paved. 5. Don't let your coat get[428] torn.[429] 6. I saw this

[425] Why subjunctive?

[426] *of it.*

[427] on.

[428] *omit.*

[429] *active infinitive.*

man struck. 7. I am going to make him pay for[430] it. 8. He had himself led before the king. 9. The king will have the story told to him(self). 10. Rabelais made the boy write. 11. He made him write some labels. 12. If the king heard this talked of, he would have me arrested. 13. Do you know how[431] to cook eggs? 14. He gets absorbed in (lets himself be absorbed by) his work. 15. I am going to have a coat made for[432] me. 16. I am going to have it made by the tailor.[433] 17. He will charge[434] me 200 francs for[435] it. 18. Unless[436] it is[437] bad weather to-morrow, I shall go walking. 19. The innkeeper asks that he be informed[438] when the king arrives[439]. 20. The servant withdraws, so her master may be[440] alone.

B. Word Study. In the following anecdote, substitute equivalents for expressions in italics:

154. LES DUELLISTES

Le roi de Suède Gustave-Adolphe *considérait* les *combats singuliers* comme l'*anéantissement* de la discipline. Dans le *dessein* de *détruire* cette *coutume barbare*, il avait prononcé la peine *capitale* contre tous ceux qui *iraient sur le terrain*. Quelque temps après que cette *volonté royale* eût été *portée*, deux officiers qui avaient eu quelques *contestations* ensemble demandèrent au *roi* l'*autorisation* de vider leur *querelle* l'*épée* à la main. Gustave fut d'abord *indigné* de la *proposition*; il y *adhéra cependant*; mais il ajouta qu'il *voulait être témoin du* combat, dont il *indiqua* l'heure et le lieu.

Le jour *venu*, il s'y rend avec un corps d'infanterie qui *entoure* les deux *champions*; puis il appelle *l'exécuteur des hautes-œuvres*, et lui dit: «Ces deux hommes vont se battre; dès qu'il y en aura un de tué, coupe *devant moi* la tête à l'autre.» A ces *paroles*, les deux officiers *restèrent* quelque temps *interdits*; mais bientôt, *reconnaissant* la faute qu'ils avaient *commise*, ils se *jetèrent* aux pieds du *monarque*, en *sollicitant* son pardon, et en se *jurant* l'un à l'autre une éternelle amitié.

---

[430] *omit.*
[431] *omit.*
[432] *omit.*
[433] le tailleur.
[434] faire payer.
[435] *omit.*
[436] à moins que.
[437] *subjunctive of* faire, *introduced* by ne.
[438] *subjunctive, why?*
[439] *tense?*
[440] *subjunctive, why?*

ANECDOTES

155. MAUVAISE QUALIFICATION

Un bon jeune homme s'est présenté à un commerçant dans l'espoir d'obtenir une place chez lui. On avait justement besoin d'un commis. «Quelles sont vos qualifications pour l'emploi vacant? demanda l'homme d'affaires.--Je suis dans le commerce depuis cinq ans, et je m'occupe toujours de mon affaire, répondit le jeune homme, qui comptait ainsi faire une bonne impression.--En ce cas, nous ne pouvons nous entendre, répliqua l'autre. J'ai besoin de commis qui s'occupent[441] toujours de la mienne.»

> À qui le jeune homme s'est-il adressé?--Dans quel but?--Y avait-il une place vacante?--Le candidat possédait-il de bonnes qualifications?--Depuis quand était-il dans le commerce?--A-t-il réussi à obtenir la place?--Pourquoi?
>
> Faites ce récit de mémoire.

156. PRIS SUR LE VIF

Un jeune homme avait fait faire sa photographie; le photographe attendait depuis longtemps qu'on vînt[442] la lui payer. Un jour le père du jeune homme l'accosta sur la rue. «C'est une excellente photographie que vous avez faite de mon fils, dit le père enchanté, je vous en fais mes compliments. Vous a-t-il payé?--Pas encore, monsieur.--Je vous le disais bien, s'écria le père, de plus en plus charmé, c'est tout lui!»

157. LA RUSE DU SACRISTAIN

Le curé d'une église de village aperçut un jour le sacristain prendre une pièce d'un franc dans l'assiette de la collecte et la mettre tranquillement dans sa poche.

[441] Why subjunctive?
[442] Why subjunctive?

Le service fini, il va droit à lui et sévèrement l'accuse de vol. «Tranquillisez-vous, monsieur le curé, dit le sacristain, voilà plusieurs années que cette pièce rend de bons services à l'église. Je la mets le premier dans l'assiette, de sorte que les messieurs et les dames, voyant un pauvre homme comme moi donner tant d'argent à la fois, aient[443] honte d'en mettre moins.»

Qu'est-ce que le curé a vu faire au sacristain?--Quelle conclusion a-t-il tirée de cette action?--Quel parti a-t-il pris?--Le sacristain s'est-il disculpé?--Comment avait-il l'habitude de donner l'exemple aux paroissiens?

Écrivez en 100 mots cette anecdote.

158. INGÉNIOSITÉ D'UN CADI

Un marchand chrétien avait confié un certain nombre de balles de soie à un chamelier turc. Ce dernier devait les conduire d'Alep à Constantinople et leur propriétaire devait les escorter. Mais à peine celui-ci se fut-il mis en route que la fièvre le prit et l'obligea à s'arrêter. Comme au bout d'un certain temps il n'était pas encore arrivé à Constantinople, le conducteur de caravanes forma bientôt un projet malhonnête; il vendit les soies et abandonna l'humble métier de chamelier. Cependant un habile médecin guérit miraculeusement le marchand chrétien.

Longtemps notre homme chercha en vain l'ancien chamelier. Enfin il le découvrit et lui réclama les balles de soie. Mais le malhonnête musulman nia le dépôt; il prétendit même que personne ne l'avait jamais connu comme chamelier. Aussi les contestants portèrent-ils l'affaire devant le cadi. Malheureusement, faute de preuves, ce magistrat ne put prendre aucune décision. Mais cet homme habile avait conçu une idée ingénieuse. À peine les plaideurs avaient-ils pris le chemin de la rue: «Chamelier, chamelier; un mot!» cria le cadi. Le Turc, oubliant qu'il avait abjuré cette profession, tourna aussitôt la tête. À peine eut-il ainsi trahi son identité que le cadi le rappela et le condamna à rembourser au chrétien le prix des balles de soie. On lui appliqua, en outre, pour sa friponnerie, une vigoureuse bastonnade.

Soyez prêt à donner une définition en français des adjectifs et des adverbes.

159. UN JUGEMENT ÉQUITABLE

Un émigré français, se voyant obligé de passer l'hiver dans un village de Westphalie, voulut acheter du bois, dont il avait grand besoin. Il en voit passer sur une charrette, et il le marchande. Le voiturier, s'apercevant qu'il a affaire à un étranger, lui demande trois louis de ce qui vaut tout au plus huit francs. Le marché

[443] Why subjunctive?

conclu, le voiturier se rend au cabaret pour y déjeuner, et se vante d'avoir trompé l'étranger, disant que son bois était à lui et qu'il avait le droit de le vendre le prix qu'il voulait, sans que personne y trouvât[444] à redire. Le déjeuner fini, le voiturier demande ce qu'il doit. «Trois louis, répond l'aubergiste.--Comment! trois louis un si maigre repas?--Oui, c'est mon bien; je suis libre d'en demander le prix que je veux. Si vous n'êtes pas content, allons chez le bourgmestre.» Cette proposition est acceptée. Ils exposent leur cause devant le magistrat. Celui-ci, rendant son jugement sur les réclamations du voiturier, prononça en faveur de l'aubergiste. Il se fit remettre les trois louis, donna huit francs au voiturier pour prix de son bois, obligea celui-ci à payer deux francs à l'aubergiste, et il confia le reste à ce dernier qui courut le porter au Français.

Écrivez cette histoire.

160. LES LANGUES D'ÉSOPE

Ésope, esclave du philosophe grec Xanthus, reçut un jour de son maître, qui avait invité plusieurs amis à dîner, l'ordre d'acheter au marché ce qu'il y aurait de meilleur, et rien autre chose. «Je t'apprendrai, dit en lui-même le Phrygien, à spécifier ce que tu souhaites, sans t'en remettre à la discrétion d'un esclave.» Il n'acheta donc que des langues, qu'il fit accommoder à toutes les sauces: l'entrée, le second service, l'entremets, tout ne fut que langues. Les conviés louèrent d'abord le choix d'Ésope; à la fin ils s'en dégoûtèrent. «Ne t'avais-je pas ordonné, dit Xanthus, d'acheter ce qu'il y avait de meilleur?--Hé! qu'y a-t-il de meilleur que la langue? répondit Ésope. C'est le lien de la vie civile, la clef des sciences, l'organe de la vérité et de la raison; par elle, on bâtit des villes et on les police; on instruit, on persuade, on règne dans les assemblées; on s'acquitte du premier de tous les devoirs, qui est de louer les dieux.--Eh bien! reprit Xanthus, qui prétendait l'embarrasser, achète-moi demain ce qu'il y a de pire: ces mêmes personnes viendront chez moi, et je veux diversifier.»

Le lendemain, Ésope ne fit encore servir que des langues, disant que la langue est la pire chose qui soit[445] au monde: «C'est la mère de tous les débats, la nourrice de tolls les procès, la source des divisions et des guerres. Si elle est l'organe de la vérité, elle est aussi celle de l'erreur, et, qui pis est, de la calomnie. Par elle, on détruit les villes: si, d'un côté, elle loue les dieux, de l'autre, elle est l'organe du blasphême et de l'impiété.»

Les langues d'Ésope sont restées célèbres pour désigner ce qui, pouvant être envisagé sous deux aspects opposés, donne prise également à la louange et à la critique.

Quelle est la morale de cette anecdote?

[444] Why subjunctive?
[445] Why subjunctive?

GRAMMAR REVIEW.--LESSON XXIV

Tenses used with *depuis, voici (voilà)... que, il y a... que; pendant*.--Future with *quand, lorsque, aussitôt que, dès que*.--Inverted order after expressions such as *à peine, aussi*, etc., and after direct quotations.

Examples

Il est ici depuis un mois.	He has been here for a month.
Il a parlé pendant une heure.	He talked for an hour (but has stopped).
Voici une heure que je vous attends.	I have been waiting for you an hour.
Elle travaillait depuis une heure.	She had been working for an hour.
Aussitôt qu'il arrivera, je le lui dirai.	As soon as he comes, I'll tell him.
À peine mon frère fut-il parti...	Hardly had my brother gone...

A. 1. He has been in business for two years. 2. How long[446] had you been waiting for me? 3. It was more than a year that he had been busy[447] with that affair. 4. It has been a long time that he has been here. 5. He could hardly finish the service. 6. The curate saw him take the money, therefore he went straight to him and accused him of theft. 7. "You have stolen," he said to him. 8. As soon as[448] I have finished, I shall go and speak to him. 9. I shall stop in Paris for two weeks. 10. I had been there a long time, when he arrived. 11. As soon as[449] I arrive, I shall tell him to start on his way. 12. At the end of a certain time, they gave up the project. 13. In vain did he look for the merchant. 14. Perhaps he will do that for me. 15. Scarcely had he entered, when he saw the lady that he had been looking for[450] so[451] long. 16. When he pays me, I will tell you (it). 17. How long has he owed you the money? 18. I am looking for a man who knows[452] the road to Constantinople. 19. I stopped so[453] he could[454] talk to me. 20. The merchant fell ill, so[455] he could[456] not go to Constantinople. 21. I am going to pass the winter there, without[457] anybody's[458] knowing[459] it. 22. War is the worst thing that can[460] happen.

[446] Depuis quand.
[447] s'occuper.
[448] aussitôt que.
[449] dès que.
[450] chercher.
[451] si.
[452] *subjunctive, why?*
[453] de sorte que.
[454] *subjunctive, why?*
[455] de sorte que.
[456] *indicative, why?*
[457] sans que.
[458] personne.
[459] *subjunctive, why?*
[460] *subjunctive, why?*

B. Word Study. In the following anecdote, substitute equivalents for expressions in italics:

161. LE RÉGULUS FRANÇAIS

Tout le monde *sait* l'histoire de Régulus, ce Romain qui, *pris* par les Carthaginois, et envoyé à Rome, sur sa parole, pour *proposer* un échange de captifs, *dissuada héroïquement* le Sénat d'accepter les *offres* faites, et *revint* à Carthage où l'attendaient d'*horribles* supplices. *En revanche, beaucoup* de Français *ignorent certainement* qu'un de leurs compatriotes montra autant de *courage* et de grandeur d'âme que Régulus.

En 1665, un officier de Saint-Malo, *nommé* Pierre Porcon de la Barbinais, commandant une frégate de trente-six canons, faisait *bravement* la chasse aux Barbaresques qui *infestaient* alors la Méditerranée. Il n'*eut* d'abord que des *succès*. Mais bientôt, *attaqué* par des forces de beaucoup supérieures aux siennes, il *tomba entre les mains* du dey d'Alger. Celui-ci l'envoya *demander* la paix à Louis XIV, après lui avoir fait *jurer* de *revenir* si ses négociations *échouaient*. Porcon partit, mais il ne fit qu'*à contre-cœur* au roi les *propositions* du dey, et il les aurait vues à regret *acceptées*. Elles furent *repoussées*. Aussitôt le brave marin partit pour Saint-Malo, y mit ordre à ses affaires; malgré les *supplications* des *siens*, il repartit pour Alger où il fut décapité en arrivant.--CLAUDE AUGÉ.

ABRÉVIATIONS

Adj., adjectif.

adv., adverbe.

art., article.

av. J.-C., avant Jésus-Christ.

c., centimes.

conj., conjonction.

dém., démonstratif.

E., Est.

etc., et cætera.

ex., exemple.

f., féminin.

fam., familier.

fig., figurément.

fr., francs.

indéf., indéfini.

interj., interjection.

invar., invariable.

kil., kilomètres.

loc. conj., locution conjonctive.

m., masculin.

N., Nord.

N. ou *n.*, nom.

num., numéral.

O., Ouest.

ord., ordinal.

pers., personnel.

pl., pluriel.

pop., populaire.

poss., possessif.

prép., préposition.

pr., pronom.

rel., relatif.

S., Sud.

sing., singulier.

subj., subjonctif.

V., voir.

VOCABULAIRE

A

à, *prép.*, exprime un rapport de tendance, de situation *ou* de provenance.

abaisser, faire descendre.

abandonner, quitter, renoncer à. **S'--**, se livrer.

abcès, *m.*, amas de pus dans une cavité accidentelle *ou* naturelle du corps.

abjurer, renoncer.

abolir, supprimer, annuler.

abondant, e, qui abonde.

abonder, être, avoir *ou* produire en abondance.

abord, *m.*, action d'aborder. **D'--**, dès le premier instant.

aborder, approcher, accoster.

abréger, rendre plus court.

absence, *f.*, éloignement; défaut de présence.

Absolon, fils de David, révolté contre son père.

absolument, sans restriction.

absorber, s'imbiber de; occuper fortement. **S'--**, se plonger, s'abîmer.

abstinence, *f.*, action de s'abstenir; diète, jeune.

abuser, tromper; user mal.

académie, *f.*, société de gens de letters, de savants *ou* d'artistes.

accepter, agréer ce qui est offert.

accès, *m.*, abord; entrée; attaque d'un mal.

acclamation, *f.*, cri de joie, d'admiration, d'enthousiasme d'une assemblée, d'une multitude.

acclamer, saltier par des acclamations.

accommoder, rendre commode; apprêter à manger.

accomplir, achever, remplir, réaliser, exécuter.

accord, *m.*, harmonie, conformité de sentiments; bonne intelligence.

accorder, donner.

accoster, aborder quelqu'un pour lui parler.

accouder, appuyer sur le coude.

accrocher, suspendre.

accueil, *m.*, réception.

accueillir, recevoir, agréer.

accusation, *f.*, imputation; reproche.

accusé, **e**, personne à qui on impute une information pénale.

achalander, attirer des clients.

achat, *m.*, action d'acheter.

acheter, acquérir à prix d'argent.

achever, terminer, consommer.

acquérir, devenir possesseur, par achat, par le travail, *etc.*

acquitter, déclarer non coupable.

acteur, *m.*, **actrice**, *f.*, qui joue un rôle dans un événement; artiste qui joue au théâtre.

action, *f.*, manifestation d'une énergie; occupation; mouvement; part dans une entreprise financière.

actionnaire, *n.*, qui possède une *ou* plusieurs actions dans une entreprise financière *ou* commerciale.

Actium, promontoire de Grèce, célèbre par la victoire navale d'Octave et d'Agrippa sur Antoine et Cléopâtre en 31 av. J.-C.

adhérer, tenir fortement.

adjuger, attribuer en justice à l'une des parties une propriété contestée.

admettre, reconnaître comme vrai.

admirablement, d'une manière admirable, parfaite, étonnante.

admirateur, trice, qui admire.

admiration, *f.*, action d'admirer; sentiment qu'éprouve l'âme quand on est frappé par les caractères du bien.

admirer, considérer avec un étonnement mêlé de plaisir; trouver étrange.

adopter, prendre; embrasser; admettre; approuver.

adorateur, trice, qui adore.

adorer, aimer avec passion; rendre à Dieu le culte qui lui est dû.

adosser, appuyer contre.

adresse, *f.*, endroit où quelqu'un demeure; dextérité, finesse.

adresser, envoyer directement. **S'-- à quelqu'un**, lui adresser la parole.

adroit, e, qui a de l'adresse.

advenir, arriver par accident.

adversaire, *m.*, compétiteur, concurrent, rival, ennemi.

affaire, *f.*, tout ce qui est l'objet d'une occupation. **Mon --**, ce que je cherche. **Homme d'--s**, qui fait le commerce. **Avoir -- à quelqu'un**, avoir besoin de lui parler. **Se tirer d'--**, sortir d'un mauvais pas.

affiche, *f.*, avis placardé dans un lieu public.

affirmer, assurer, soutenir qu'une chose est vraie.

affliger, causer de l'affliction, désoler.

affront, *m.*, insulte, outrage fait publiquement.

affubler, habiller d'une manière bizarre.

afin, *conj. ou prép.*, qui marque l'intention.

âge, *m.*, temps écoulé depuis la naissance.

âgé, e, qui a tel âge; vieux.

agent, *m.*, celui qui fait les affaires d'autrui.

agir, produire effet; faire. **Il s'--**, il est question.

agiter, ébranler, secouer.

agneau, x, *m.*, petit de la brebis.

agrandir, rendre plus grand.

agréable, qui plaît.

agréer, recevoir bien, approuver.

aide, *f.*, secours, assistance.

aider, seconder, assister.

aigu, uë, terminé en pointe; perçant.

ailleurs, en un autre lieu. **D'--**, de plus, du reste.

aimable, digne d'être aimé; de nature à plaire.

aimablement, avec amabilité.

aimant, porté à l'amitié.

aimer, avoir de l'amitié, de l'affection *ou* du goût pour.

aîné, e, plus âgé qu'un autre; né le premier.

ainsi, de cette façon; donc.

air, *m.*, atmosphère. **Prendre l'--**, se promener.

air, *m.*, apparence. **Avoir l'-- de**, sembler.

aise, *f.*, contentement, état agréable. **À son --**, sans se gêner, commodément.

aisé, e, facile; qui a quelque fortune.

aisément, facilement, avec aisance.

ajouter, joindre, augmenter.

alentours, *m. pl.*, lieux circonvoisins, environs.

Alep, ville de Turquie d'Asie.

Alexandre le Grand, roi de Macédoine, né en 356 av. J.-C. Il fut un grand conquérant.

Alger, capitale de l'Algérie.

allemand, e, de l'Allemagne (*État de l'Europe centrale, capitale Berlin*).

aller, se transporter, se mouvoir; marcher; convenir. **S'en --**, se retirer.

allusion, *f.*, mot, phrase qui fait penser à une personne *ou* une chose sans qu'on en parle.

alors, en ce temps-là, en ce cas-là.

Alphonse V, roi d'Aragon, de Naples et de Sicile (1416-1458).

altérer, changer en mal, falsifier, refroidir.

Alternative, *f.*, succession de choses qui reviennent tour à tour; choix.

alterner, se succéder avec régularité.

altesse, *f.*, titre d'honneur donné aux princes et aux princesses.

amabilité, *f.*, affabilité, douceur.

amateur, *m.*, qui a du goût, du penchant pour quelque chose.

ambassadeur, *m.*, représentant d'un État près d'une puissance étrangère.

ambition, *f.*, désir immodéré de gloire, de fortune, *etc.*

ambulant, e, qui va d'un lieu à un autre.

âme, *f.*, principe de la vie; qualités morales; conscience.

amende, *f.*, peine pécuniaire.

amener, conduire en menant; occasionner.

amèrement, avec amertume, d'une façon irritante.

américain, e, d'Amérique.

Amérique, *f.*, l'une des cinq parties du monde, découverte par Christophe Colomb en 1492.

ami, e, avec qui on est lié d'une affection réciproque.

amiable, affectueux, gracieux. **À l'--**, amicalement.

amical, e, aux, inspiré par l'amitié.

amicalement, d'une manière amicale.

amitié, *f.*, attachement mutuel.

amorce, *f.*, appât, ce qui attire.

amour, *m.*, sentiment par lequel le cœur se porte vers ce qui lui plaît fortement.

amoureusement, avec amour.

amoureux, euse, qui aime avec passion.

amour-propre, *m.*, sentiment qu'on a de sa propre valeur.

amphithéâtre, *m.*, partie d'un théâtre en face de la scène.

amuser, divertir, récréer.

amuseur, *m.*, qui amuse.

an, *m.*, année; douze mois. **L'-- 1919**, en 1919.

ancêtre, *m.*, de qui l'on descend.

ancien, enne, antique, vieux; qui n'est plus en fonctions.

Andoukovitch, nom propre (*de famille*).

âne, *m.*, nom d'un animal domestique, plus petit que le cheval.

anéantissement, *m.*, destruction.

anecdote, *f.*, petit fait historique; historiette.

anecdotique, qui tient de l'anecdote.

anglais, e, d'Angleterre.

Angleterre, *f.*, partie sud de la Grande-Bretagne.

anglo-hollandais, e, qui se rapporte à l'Angleterre et à la Hollande.

animal, aux, *m.*, être doué de mouvement et de sensibilité.

année, *f.*, espace de douze mois.

annoncer, faire savoir, manifester; prédire.

antique, très ancien; de mode passée.

Antoine (Marc), neveu de César, membre du deuxième triumvirat (83-30 av. **J.-C.**)

antonyme, *m.*, mot qui, par rapport à un autre, a le sens directement opposé.

apercevoir, voir; voir subitement. **S'-- de**, remarquer.

aplatir, rendre plat; faire taire.

aplomb, *m.*, assurance.

apostême, *m.*, tumeur extérieure.

apôtre, *m.*, celui qui cherche à propager une doctrine.

appareil, *m.*, ensemble d'organes.

apparence, *f.*, ce qui apparaît au dehors; faux semblants; probabilité.

appartement, *m.*, logement composé de plusieurs pièces.

appartenir, être la propriété de.

appel, *m.*, action d'appeler.

appeler, nommer pour faire venir.

appétit, *m.*, inclination qui porte à désirer une chose pour la satisfaction des sens; désir de manger.

applaudir, battre des mains en signe d'approbation; louer; approuver.

application, *f.*, emploi, action d'appliquer.

appliquer, mettre, donner; faire servir.

apporter, porter à quelqu'un.

apprendre, saisir par l'esprit, étudier; informer.

apprêter, préparer, accommoder.

apprivoiser, rendre un animal moins farouche; rendre une personne plus sociable.

approcher, mettre proche; devenir proche.

approuver, agréer une chose, y consentir; juger bon, louable.

appui, *m.*, soutien, support.

appuyer, soutenir par le moyen d'un support.

après, à la suite; à la suite de.

aprés-midi, *f.*, partie du jour depuis midi jusqu'au soir.

Arabie, vaste péninsule à l'ouest de l'Asie méridionale.

Arago, l'un des plus grands savants du XIXe siècle (1786-1853).

Aragon, contrée au N.-E. de l'Espagne.

arbre, *m.*, plante ligneuse (*qui fournit le bois*).

Archias, tyran de Thèbes.

ardeur, *f.*, chaleur extrême; activité excessive.

arène, *f.*, espace sablé, pour les jeux, les combats, *etc.*

argent, *m.*, métal blanc; toute sorte de monnaie.

Aristote, célèbre philosophe grec (384-322 av. J.-C.).

arme, *f.*, instrument qui sert à attaquer *ou* à défendre.

armée, *f.*, ensemble des troupes régulières d'un État.

arracher, détacher avec effort.

arranger, mettre en ordre; terminer à l'amiable.

arrêter, faire rester en place; appréhender.

arrière, derrière. -- **-pensée**, pensée cachée.

arrivée, *f.*, action d'arriver.

arriver, venir; se produire.

arroser, humecter par l'irrigation.

art, *m.*, application des connaissances à la réalisation d'une conception; adresse.

article, *m.*, tout objet de commerce; division.

articuler, déduire par articles; joindre; prononcer.

artificiel, elle, qui se fait par art.

artificiellement, d'une manière artificielle.

aspect, *m.*, vue d'un objet; manière dont il se présente à la vue.

assaillir, attaquer vivement.

assassiner, tuer de dessein prémédité *ou* avec trahison.

assemblée, *f.*, réunion de personnes dans un même lieu.

asseoir, mettre sur un siège.

asservir, dompter, réduire à la dépendance.

assez, suffisamment, très.

assiette, *f.*, pièce de vaisselle plate.

assister, être présent; aider.

assurance, *f.*, confiance, sécurité. **Compagnie d'--s**, société qui s'engage à rembourser les pertes.

assurer, rendre sûr, garantir, affirmer, mettre dans un état de certitude.

astrologue, *m.*, qui s'adonne à l'astrologie.

astronome, *m.*, qui connaît l'astrologie *ou* s'en occupe.

atelier, *m.*, lieu où travaillent des ouvriers, des artistes, *etc.*

athénien, enne, habitant Athènes (*capitale de la Grèce*).

atlas, *m.*, recueil de cartes géographiques.

Atrée et Thyeste, tragédie de Crébillon (1707) où l'on remarque des traits d'une grande énergie, mais dont l'atrocité des détails révolte souvent.

attablé, e, installé à table.

attacher, appliquer.

attaque, *f.*, action d'attaquer; agression; accès subit; atteinte.

attaquer, assaillir.

atteindre, parvenir à.

attendre, rester dans un lieu jusqu'à ce qu'arrive quelqu'un. **S'-- à**, compter sur.

attention, *f.*, application d'esprit. **Faire -- à**, remarquer.

attentivement, avec attention.

attirail, *m.*, bagages superflus.

attirer, tirer à soi.

attitude, *f.*, position du corps; manifestation extérieure de ses intentions.

attraper, saisir, prendre.

attribuable, qui peut, qui doit être attribué.

attribuer, assigner; imputer.

au, aux, *art. contractés pour* **à le, à les**.

auberge, *f.*, espèce d'hôtel.

aubergiste, *m.*, qui tient auberge.

aucun, e, pas de, pas un.

audace, *f.*, hardiesse excessive.

audacieux, euse, qui a de l'audace.

auditeur, trice, personne qui écoute un discours.

auditoire, *m.*, réunion de ceux qui écoutent une personne parlant en public.

augmenter, accroître; ajouter à.

Auguste, empereur romain.

aujourd'hui, ce jour-ci; à présent.

aumône, *f.*, ce qu'on donne aux pauvres par charité.

aumônier, *m.*, prêtre qui dit la messe.

auparavant, d'abord.

auprès, proche, près de.

auquel, *se dit pour* **à lequel**.

aussi, pareillement; c'est pourquoi: -- **que**, adv. de comparaison.

aussitôt, au moment même.

autant, dans la même proportion.

auteur, *m.*, écrivain, qui fait un livre. -- **d'un mal**, cause.

autographe, *m.*, signature écrite par la personne même.

automatiquement, d'une manière automatique.

autorisation, *f.*, action (*ou* écrit) par laquelle on accorde la faculté de faire une chose; permission.

autorité, *f.*, puissance légitime.

autre, différent.

autrefois, anciennement, jadis.

autrement, d'une autre façon; sinon, sans quoi.

autrichien, enne, de l'Autriche (*pays au S.-E. de l'Allemagne*).

autrui, *pron. indéf.*, les autres.

Auvergne, ancienne province de France, au Midi.

auxiliaire, qui aide, porte secours.

avaler, faire descendre par le gosier dans l'estomac.

avance, *f.*, action d'avancer. **D'--**, par anticipation.

avancé, e, mis en avant.

avancer, porter en avant, présenter. **S'--**, aller en avant.

avant, *prép.*, marque priorité de temps, d'ordre *ou* de lieu.

avantage, *m.*, ce qui est profitable.

avantageux, euse, qui produit des avantages.

avant-bras, *m.*, partie du bras depuis le coude jusqu'au poignet.

av. J.-C., avant Jésus-Christ.

avant-poste, *m.*, poste le plus près de l'ennemi.

avare, qui a un amour excessif de l'argent pour l'accumuler.

avec, en même temps que, en compagnie de.

aventure, *f.*, événement fortuit, surprenant; entreprise hasardeuse.

avertir, informer, prévenir.

avertissement, *m.*, avis, information; action d'avertir.

aveugle, celui qui ne peut rien voir; privé de la vue.

avis, *m.*, opinion, conseil.

aviser, donner avis. **S'-- de**, trouver bon.

avocat, *m.*, celui qui fait profession de plaider en justice.

avoir, posséder; éprouver; tenir; obtenir; porter; remporter.

avouer, confesser, confirmer.

B

Babylone, capitale de l'ancienne Chaldée, sur l'Euphrate.

babillard, e, qui parle beaucoup et inutilement.

bagatelle, *f.*, chose de peu de prix; chose frivole.

baigné, e: -- **de sueur**, couvert de sueur.

baigner, mettre dans un bain; mouiller.

bâillement, *m.*, action de bâiller.

bâiller, respirer en ouvrant convulsivement la bouche.

bailli, *m.*, officier qui rendait la justice au nom du roi.

bal, *m.*, assemblée où l'on danse.

balafre, *f.*, cicatrice qui reste d'une blessure au visage.

balbutier, articuler imparfaitement avec hésitation et difficulté.

balle, *f.*, gros paquet de marchandises; boule de plomb dont on charge certaines armes à feu.

banlieue, *f.*, territoire entourant une grande ville et qui en dépend.

banque, *f.*, commerce qui consiste à avancer des fonds, *etc.*

banqueroute, *f.*, faillite d'un commerçant.

banquet, *m.*, grand repas; festin solennel et somptueux.

baptiser, conférer le baptême à.

barbare, cruel, non-civilisé, sauvage.

barbaresque, qui appartient aux peuples de la Barbarie.

barbe, *f.*, poil du menton et des joues. **Faire la** --, raser.

barbier, *m.*, coiffeur.

Barbinais, nom. propre.

barbouiller, peindre grossièrement.

barbu, e, qui a de la barbe.

barrière, *f.*, assemblage de pièces de bois fermant un passage.

Baruch, un des douze petits prophètes, disciple de Jérémie.

bas, basse, inférieur. **Tout** --, pas très haut. **En** --, à l'étage inférieur.

baser, appuyer, fonder.

bastonnade, *f.*, volée de coups de bâton.

bât, *m.*, selle grossière d'une bête de somme.

bataille, *f.*, combat général entre deux armées.

bâtiment, *m.*, construction en maçonnerie; navire, bateau.

bâtir, édifier, construire.

battre, frapper, donner des coups, vaincre. **Se** --, combattre, lutter.

bavard, e, qui aime à parler.

Bayard, nom d'un ambassadeur américain à Londres.

beau, bel, belle, beaux, qui plaît à l'œil *ou* à l'esprit; grand.

beaucoup, en quantité considérable; une grande quantité.

Beaumarchais (**Pierre-Augustin, Caron de**), écrivain français, auteur du "Barbier de Séville," du "Mariage de Figaro," *etc.*, (1732-1799).

bébé, *m.*, tout petit enfant.

becqueter, donner des coups de bec.

bel, belle, *V.* **beau**.

Belgrade, capitale de la Serbie.

bénéfice, *m.*, profit, avantage.

benet, *m.*, niais, sot.

berner, railler, toumer en ridicule.

Bersot, philosophe français (1816-1880).

besogne, *f.*, tâche.

besoin, *m.*, manque d'une chose nécessaire.

bestiaux, *m. pl.*, animaux domestiques élevés en troupeaux.

bête, *f.*, animal; *adj.*, stupide.

bévue, *f.*, méprise, erreur grossière.

Bible, *f.*, recueil des saintes Écritures.

bien, conformément au devoir; fort; *N. M.*, propriété; ce qui est agréable.

bienfaisant, e, qui fait du bien; salutaire; charitable.

bienfait, *m.*, service, faveur.

bienfaiteur, trice, qui fait du bien.

bientôt, sous peu.

bijou, x, *m.*, joyau d'une matière précieuse.

billard, *m.*, nom d'un jeu.

billet, *m.*, petite lettre; missive. -- **de banque**, papier remplaçant les monnaies.

bisaïeul, *m.*, père de l'aïeul.

bizarre, fantasque, extravagant, singulier.

blasphême, *m.*, parole qui outrage la Divinité, la religion.

blessant, e, offensant; qui mortifie.

blessé, e, qui a reçu une blessure.

blesser, porter un coup qui fait plaie, fracture *ou* contusion; faire du mal.

blessure, *f.*, lésion produite sur un être vivant par un choc, une arme.

boa, *m.*, genre de serpent.

bœuf, *m.*, animal ruminant et à cornes.

bohémien, enne, de la Bohême.

boire, avaler un liquide.

bois, *m.*, substance dure des arbres; lieu planté d'arbres.

boisson, *f.*, ce qu'on boit.

bombe, *f.*, espèce de projectile.

bon, bonne, qui a de la bonté; avantageux, favorable; crédule.

bondir, faire des bonds; s'indigner.

bonheur, *m.*, état heureux.

bonhomie, *f.*, bonté du cœur, simplicité, crédulité.

bonhomme, *m.*, homme simple, doux, crédule.

bonjour, *m.*, salut du jour.

bonne, *f.*, servante (*bonne à tout faire*).

bonté, *f.*, indulgence, qualité de ce qui est bon.

bord, *m.*, rivage, côte; côté d'un navire.

borgne, qui ne voit que d'un œil.

borne, *f.*, limite.

borner, limiter; mettre des bornes.

bossu, e, qui a une bosse sur le dos.

botte, *f.*, assemblage de choses de même nature liées ensemble.

bouche, *f.*, cavité à la partie inférieure de la face.

bouchée, *f.*, ce qu'on met de nourriture en une fois dans la bouche.

boucher, *m.*, qui tue les bestiaux et vend leur chair crue en détail.

boucher, fermer une ouverture.

boue, *f.*, poussière des chemins détrempée d'eau.

bouffon, *m.*, personnage grotesque, qui amusait les rois de ses facéties.

bouger, se mouvoir, remuer.

bouillant, e, qui bout; très chaud.

boulanger, *m.*, qui fait et vend du pain.

boulet, *m.*, sphère de fer dont on chargeait les canons.

boulevard, *m.*, promenade; large rue plantée d'arbres.

bourbier, *m.*, lieu creux et plein de boue.

Bourbon, famille princière française.

bourgeois, e, personne aisée qui habite la ville.

bourgmestre, *m.*, premier magistrat, maire.

bourreau, *m.*, homme chargé de mettre à exécution les peines corporelles.

bourse, *f.*, petit sac à argent.

bout, *m.*, extrémité. **Venir à -- de**, réussir à, triompher de.

boutique, *f.*, lieu de vente au détail.

branche, *f.*, division.

bras, *m.*, membre du corps humain qui tient à l'épaule.

brave, courageux; bon.

bravement, d'une manière brave; courageusement.

bravoure, *f.*, courage; intrépidité.

brigand, *m.*, celui qui exerce le brigandage, qui vole à main armée sur les grands chemins.

brillant, e, éclatant, qui brille.

briller, jeter une vive lumière; avoir de l'éclat.

briser, rompre, casser.

broche, *f.*, verge de fer pour faire rôtir la viande.

brayer, casser, écraser.

bruit, *m.*, assemblage de sons divers; nouvelle; renommée; renom.

brûler, consumer par le feu; dessécher.

brusquement, d'une manière brusque, subite.

buffet, *m.*, table où sont dressés des mets, des vins, des liqueurs, *etc.*, pour une fête.

buisson, *m.*, touffe d'arbrisseaux sauvages et rameux.

bureau, *m.*, table à tiroir pour écrire; endroit où s'expédient les affaires.

but, *m.*, intention, fin qu'on se propose.

C

c', *V.* **ce**.

cabane, *f.*, maisonnette, hutte.

cabaret, *m.*, lieu où l'on boit, où l'on achète des liqueurs spiritueuses.

cabinet, *m.*, petite chambre; bureau; étude.

câble, *m.*, grosse corde. **cacher**, soustraire aux regards; dissimuler.

cacheter, fermer, sceller avec un cachet.

cadeau, *m.*, présent, don.

cadet, ette, né le second; le plus jeune.

cadi, *m.*, juge musulman.

café, *m.*, espèce de boisson; lieu où l'on boit le café, *etc.*

cailler, coaguler.

caillou, x, *m.*, petite pierre.

caisse, *f.*, coffre à argent.

calculer, faire une opération de calcul.

calme, tranquille.

calomnie, *f.*, fausse accusation qui blesse la réputation.

camarade, *m.*, compagnon de travail, d'étude, *etc.*

camp, *m.*, lieu où s'établit une armée.

campagnard, e, qui habite la campagne.

campagne, *f.*, étendue de pays hors de la ville.

camper, vivre au camp; asseoir un camp; installer.

candidat, *m.*, qui veut un emploi, une fonction, *etc.*

canne, f., bâton pour s'appuyer en marchant.

canon, *m.*, pièce d'artillerie.

cantatrice, *f.*, chanteuse professionnelle de talent.

cantique, *m.*, chant religieux.

capable, qui est en état de faire une chose.

capitaine, *m.*, chef d'une troupe.

capital, e: **peine --e**, peine de mort.

capital, *m.*, somme qui rapporte intérêt; biens qu'on possède.

capitale, *f.*, ville principale.

capitulation, *f.*, traité pour la reddition d'une place.

captif, ive, prisonnier.

capture, *f.*, action de capturer un homme, un navire, *etc.*

car, *conj.*, qui marque la raison, la preuve; parce que.

caractère, *m.*, nature; figure dont on se sert dans l'écriture; lettre.

caravane, f., troupe de voyageurs réunis pour franchir un désert.

cardinal, aux, *m.*, un des prélats qui forment le sacré collège.

carnaval, *m.*, temps destiné aux divertissements.

carrière, *f.*, cours de la vie.

carrosse, *m.*, sorte de voiture.

carte, *f.*, représentation du globe *ou* de l'une de ses parties; petit carton sur lequel on a fait imprimer son nom.

cartel, *m.*, provocation en duel.

Carthage, ville de l'Afrique, fondée au VIIe siècle av. J.-C., par les Phéniciens.

carthaginois, e, de Carthage.

cartographe, *m.*, personne qui dresse des cartes de géographie.

carton, *m.*, carte grossière, fabriquée avec des rognures de papier, *etc.*

cas, *m.*, circonstance. **En tout --**, quoi qu'il arrive. **Faire -- de**, estimer.

casserole, *f.*, sorte de poêlon de fer, de cuivre, *etc.*, à fond plat et à manche court.

cause, *f.*, principe, motif; intérêt. **En connaissance de --**, en sachant bien ce que l'on fait.

causer, être cause de; parler familièrement.

cavalerie, *f.*, ensemble de troupes à cheval.

cavalier, *m.*, homme à cheval.

ce, *pr. dém. m. sing.*, la chose *ou* la personne dont on parle.

ce, cet, cette, ces, *adj. dém.*, marquant la personne *ou* la chose qu'on désigne.

cela, *pr. dém.*, cette chose-là.

célèbre, fameux, renommé.

celui, cene, ceux, celles, *pro dém.*, servant à indiquer les personnes *ou* les chases.

censé, considéré comme.

centre, *m.*, milieu.

cependant, pendant ce temps-là; néanmoins, toutefois, pourtant.

cérémonie, *f.*, pompe, appareil; politesse, civilité gênante.

certain, e, indubitable, vrai, sûr. **Un --**, quelque, un.

certainement, assurément.

certitude, *f.*, conviction, confiance.

cesser, discontinuer, prendre fin.

chacun, e, *pron. indéf.*, chaque personne; tout le monde.

chaise, *f.*, siège à dossier sans bras.

chaland, *m.*, acheteur.

chambre, *f.*, pièce d'une maison (*où l'on couche*).

chameau, *m.*, genre de mammifère ruminant qui a deux bosses sur le dos.

champ, *m.*, étendue de terre labourable.

champagne, *m.*, vin blanc mousseux, très estimé, que l'on prépare en Champagne.

champion, *m.*, défenseur. **Les deux --s**, les deux adversaires.

chance, *f.*, résultat; bonheur; *pl.* probabilités.

chanceler, vaciller sur ses pieds, *ou* sa base.

chandelle, *f.*, flambeau de suif.

changement, *m.*, action de changer.

changer, remplacer une chose par une autre; convertir.

chanson, *f.*, pièce de vers frivole *ou* satirique que l'on chante.

chant, *m.*, suite de sons modulés, émis par la voix; mélodie.

chanter, former avec la voix des sons variés.

chanteur, euse, qui chante souvent *ou* fait métier de chanter.

chapeau, x, *m.*, coiffure à bords, d'homme *ou* de femme.

chapelier, *m.*, qui fait *ou* vend des chapeaux.

chapelle, *f.*, petite église.

chapitre, *m.*, division d'un livre; matière.

chaque, *adj. indéf.*, tout, toute. -- **fois**, toutes les fois.

charbon, *m.*, produit qui résulte du bois brûlé à l'abri du contact de l'air.

charge, *f.*, faix, fardeau.

charger, mettre une charge sur; donner un ordre, une commission. **Se -- de**, prendre le soin de.

charlatanisme, *m.*, exploitation de la crédulité publique.

Charles-Quint, roi d'Espagne, empereur d'Allemagne en 1519.

charmant, e, agréable.

charmer, fasciner, plaire extrêmement.

charretier, *m.*, qui conduit une charrette.

charrette, *f.*, voiture de charge à deux roues.

charrue, *f.*, machine à labourer la terre.

chasse, *f.*, action de tuer, de prendre *ou* de poursuivre le gibier; poursuite.

chasselas, *m.*, variété de raisin blanc de table.

chasser, mettre dehors (*avec violence*); poursuivre le gibier.

chasseur, *m.*, qui chasse.

chat, *m.*, genre de mammifère, petit animal domestique. qui détruit les souris.

château, *m.*, demeure féodale fortifiée; habitation seigneuriale; grande et belle maison de campagne.

chaussure, *f.*, tout ce qu'on met au pied pour se chausser.

chef-d'œuvre, *m.*, travail parfait, œuvre capitale.

chemin, *m.*, voie de communication.

cheminée, *f.*, foyer dans lequel on fait du feu.

cher, chère, tendrement aimé; précieux.

chercher, se donner de la peine pour trouver; prendre; s'efforcer de.

cheval, aux, *m.*, genre d'animal servant à l'homme de monture et de bête de trait.

cheveu, x, *m.*, poil de la tête de l'homme.

chez, *prép.*, au logis de; dans le pays de; dans la personne, les œuvres de.

chien, *m.*, genre d'animal domestique, très fidèle à l'homme.

Chirac, principal médecin de Louis XV (1650-1732).

chirurgien, *m.*, médecin qui exerce la chirurgie.

choisir, préférer, opter entre deux alternatives.

Choisy, nom de lieu, près Paris.

choix, *m.*, action, faculté *ou* pouvoir de choisir.

chose, *f.*, tout ce qui est; objet; affaire. **Peu de** --, pas beaucoup.

chrétien, enne, qui professe la religion du Christ.

chute, *f.*, action d'un objet qui tombe.

cicatrice, *f.*, trace qui reste d'une plaie, d'une blessure.

ciel, *m.*, espace indéfini dans lequel se meuvent les astres; séjour des bienheureux.

Cinéas, ministre et conseiller de Pyrrhus.

cinquante, *adj. num.*, cinq fois dix.

cinquième, *adj. ord.*, de cinq.

circonstance, *f.*, conjoncture, situation des choses.

circonvoisin, e, proche, qui avoisine.

circulation, *f.*, mouvement de ce qui circule.

cirque, *f.*, lieu destiné aux jeux publics.

citadin, e, qui habite une ville.

citer, rapporter textuellement; appeler devant la justice.

citoyen, enne, habitant d'une cité; membre de l'État.

civil, e, qui concerne les citoyens; poli, bien élevé.

classe, *f.*, ordre dans lequel on range les personnes et les choses; élèves sous un maître.

classique, à l'usage des classes; conforme aux règles tracées par les anciens.

clef, *f.*, instrument métallique pour ouvrir et fermer une serrure.

Cléopâtre, reine d'Égypte, qui captiva César et Antoine.

Clermont, nom de lieu.

client, *m.*, pratique d'un commerçant; homme qui confie ses intérêts à un avocat, sa santé à un médecin, *etc.*

clientèle, *f.*, ensemble des clients.

clinique, *f.*, enseignement de la médecine donné près des malades.

cloître, *m.*, monastère.

clore, fermer, entourer.

cocher, *m.*, conducteur d'une voiture.

cochon, *m.*, mammifère domestique, qui fournit le lard, *etc.*

cœur, *m.*, principal organe de la circulation du sang; disposition de l'âme; courage. **Au -- de**, au milieu de.

coiffeur, *m.*, qui soigne et coupe les cheveux *ou* la barbe.

coin, *m.*, angle.

colère, *f.*, irritation de l'âme offensée.

collatéral, e, attenant au voisin par un côté.

collation, *f.*, léger repas.

collecte, *f.*, quête.

collection, *f.*, recueil d'objets qui ont du rapport.

coller, faire adhérer.

combat, *m.*, lutte entre gens armés. -- **singulier**, duel.

combattant, e, personne qui prend part à un combat.

combattre, se battre contre, lutter contre.

comble, *m.*, *fig.*, le dernier degré.

comédie, *f.*, poème dramatique qui excite le rire en représentant les mœurs, les ridicules de la société.

commandant, *m.*, qui commande; chef de bataillon; officier supérieur.

commander, ordonner; avoir l'autorité sur; imposer.

comme, de même que; tel que; combien; de quelle manière; parce que; quand.

commencer, faire la première partie de.

comment, de quelle manière; pourquoi.

commerçant, *m.*, qui fait le commerce.

commerce, *m.*, trafic, négoce; le corps des commerçants.

commettre, faire, préposer.

commis, *m.*, employé dans un bureau, dans une maison de commerce.

commission, *f.*, charge qu'on donne à quelqu'un de faire une chose.

commodément, d'une maniere commode.

commun, e, général, universel; médiocre.

communication, *f.*, action de communiquer; avis.

compagnie, *f.*, assemblée de personnes; société industrielle *ou* commerciale.

compagnon, *m.*, camarade, associé.

comparaison, *f.*, action de comparer.

compatriote, *m.*, qui est du même pays qu'une autre personne.

compenser, réparer.

compère, *m.*, parrain; complice. **Rusé** --, personne adroite.

complaisant, e, qui a de l'obligeance.

compliment, *m.*, paroles civiles obligeantes *ou* affectueuses.

composer, former un tout de différentes parties; créer; arranger.

comprendre, concevoir, se rendre raison de.

compte, *m.*, calcul, nombre. **Tenir -- de**, faire un rapport de.

compter, calculer; se proposer. -- **sur**, avoir confiance en.

comte, *m.*, dignitaire du troisième ordre dans la noblesse.

concentrer, rassembler, réunir.

concevoir, *fig.*, former dans son esprit.

concierge, *m.*, portier qui a la garde d'une maison.

conclure, terminer; donner ses conclusions.

conclusion, *f.*, action de conclure; solution; conséquence.

concurrence, *f.*, compétition.

condamner, prononcer jugement contre; désapprouver.

Condé, branche collatérale de la maison de Bourbon.

condition, *f.*, rang, position sociale; état; circonstances; convention dont dépend l'exécution d'un marche.

conducteur, *m.*, qui conduit.

conduire, guider, diriger, mener.

confiance, *f.*, espérance; assurance.

confident, *m.*, à qui l'on confie ses plus secrètes pensées.

confier, remettre au soin de quelqu'un.

confondre, mêler.

confrère, *m.*, chacun de ceux qui exercent la même profession.

congédier, renvoyer.

congrégation, *f.*, ensemble de religieux du même ordre.

congrès, *m.*, assemblée d'ambassadeurs, *ou* de législateurs, pour traiter d'intérêts politiques.

conjoncture, *f.*, concours de circonstances; occasion.

conjuré, e, qui prend part à un complot.

conjurer, prier avec instance.

connaissance, *f.*, idée; relation de société; ami.

connaisseur, *m.*, qui se connaît à quelque chose.

connaître, avoir l'idée de; avoir des relations avec. **Se -- à**, être en état de juger.

connu, e, bien su; clair; célèbre.

conquérant, e, qui fait, *ou* a fait, de nombreuses conquêtes.

conquérir, acquérir par les armes; gagner.

conquête, *f.*, action de conquérir.

consacrer, dédier, employer.

conscience, *f.*, connaissance; notion; sentiment intérieur par lequel l'homme se rend témoignage à lui-même du bien et du mal qu'il fait.

conseil, *m.*, avis, opinion.

conseiller, *m.*, qui donne conseil; membre d'une compagnie judiciare.

conseiller, donner un conseil à.

consentir, vouloir bien, trouver bon.

conséquence, *f.*, conclusion tirée d'un raisonnement; suite qu'une chose a.

conserver, maintenir en bon état; garder avec soin; ne pas perdre.

considérablement, beaucoup.

considérer, regarder; peser; estimer.

consoler, adoucir l'affliction, les ennuis de.

Constantinople, capitale de l'empire ottoman.

consultation, *f.*, action de consulter; conférence pour consulter.

consulter, prendre avis, conseil de; délibérer.

conte, *m.*, récit court et plaisant.

contempler, considérer attentivement; méditer.

content, e, qui a l'esprit satisfait, le cœur joyeux.

contenter, satisfaire. **Se** --, être satisfait.

conter, narrer, raconter. **En** --, raconter des choses ridicules *ou* extravagantes.

contestant, *m.*, qui conteste en justice.

contestation, *f.*, démêlé; dispute.

conteur, *m.*, auteur de contes.

continuellement, sans cesse, constamment, toujours.

continuer, ne pas s'arrêter.

contraindre, obliger.

contraire, opposé. **Au** --, tout autrement.

contre, *prép.*, qui marque opposition, rencontre, proximité. **Par** --, en revanche.

contrebande, *f.*, vente clandestine de marchandises prohibées *ou* soumises à des droits dont on fraude le trésor; ces marchandises mêmes.

contre-cœur: **à** --, contre son gré, malgré (lui).

contrefaire, imiter, feindre.

contrefait, e, imité par contrefaçon, difforme.

convaincre, réduire à reconnaître une vérité.

convenir, demeurer d'accord.

convenu, e, fixé.

conversation, *f.*, entretien familier.

convié, e, invité, convive.

copier, faire une copie; imiter.

coq, *m.*, genre d'oiseau; le mâle du genre.

coquin, e, personne vile, sans honneur ni probité.

corbeille, *f.*, sorte de panier d'osier.

corde, *f.*, assemblage de fils tordus ensemble.

cordon, *m.*, petite corde.

corne, *f.*, partie dure qui se forme sur la tête de certains animaux.

Corneille (Pierre), le père de la tragédie française, auteur du "Cid" (1606-1684).

corps, *m.*, partie matérielle d'un être animé. **À -- perdu**, sans réflexion.

correctionnel, elle, qui a rapport aux délits.

corridor, *m.*, passage qui met en communication diverses pièces d'un même étage.

costume, *m.*, manière de se vêtir; vêtement.

côte, *f.*, partie latérale. -- **à** --, l'un à côté de l'autre.

côté, *m.*, partie latérale; partie quelconque; aspect; parti. **Laisser de** --, ne pas tenir compte de.

cou, *m.*, partie du corps qui joint la tête aux épaules.

coucher, mettre au lit.

coude, *m.*, partie extérieure du bras, à l'endroit où il se plie.

couler, fluer.

couleur, *f.*, impression que fait sur l'œil la lumière réfléchie par les corps.

coulisse, *f.*, partie du théâtre placée derrière la scène.

coup, *m.*, choc. **À -- sur**, certainement. **Tout à** --, soudainement. **Pour le** --, cette fois. -- **d'œil**, regard rapide. -- **de sifflet**, action de siffler avec cet instrument.

coupable, qui a commis une faute.

couper, diviser avec un instrument tranchant; tailler.

coupole, *f.*, intérieur d'un dôme.

cour, *f.*, espace clos de murs; résidence d'un souverain; siège de justice.

courage, *m.*, fermeté en face du péril; hardiesse; audace; bravoure.

courir, aller avec vitesse.

couronner, mettre une couronne sur; honorer.

cours, *m.*, mouvement; durée.

course, *f.*, action de courir.

court, e, bref, de peu de longueur.

courtisan, *m.*, homme de cour.

coussin, *m.*, sorte d'oreiller, pour s'asseoir, s'appuyer, poser les pieds.

coûtant: prix --, ce qu'un objet a coûté.

coûter, être acheté au prix de.

coutume, *f.*, habitude.

couture, *f.*, art *ou* action de coudre. **À plate** --, complètement.

couvert, e, muni d'un couvercle; chargé.

craindre, redouter; avoir peur de.

cravache, *f.*, baguette de cuir dont se servent les cavaliers.

crayon, *m.*, substance terreuse pour tracer des lignes.

créancier, ère, à qui l'on doit.

Crébillon, poète tragique français (1674-1762).

crédit, *m.*, réputation de solvabilité; autorité; délai pour le paiement.

crédulité, *f.*, trop grande facilité à croire.

créer, produire ce qui n'existait pas.

crever, faire éclater; percer.

cri, *m.*, éclat de voix poussé avec effort.

crier, jeter un cri; parler très haut.

Crimée, presqu'île au S. de la Russie, sur la Mer Noire.

criminel, elle, coupable d'un crime; qui a rapport au crime.

critique, *m.*, qui porte son jugement sur des ouvrages; *f.*, art de juger les ouvrages.

croc, *m.*, longue perche de marinier, armée d'une pointe et d'un crochet.

croire, tenir pour vrai, s'imaginer.

cruauté, *f.*, inhumanité.

cruche, *f.*, espèce de vase à eau.

cruel, elle, inhumain, impitoyable.

cucurbitacée, *f.*, famille de plantes.

cuir, *m.*, peau épaisse de certains animaux; faute de prononciation.

cuirassier, *m.*, soldat de cavalerie qui porte la cuirasse.

cuire, préparer les aliments par le moyen du feu.

cuisine, *f.*, lieu où l'on apprête les mets.

curé, *m.*, prêtre pourvu d'une cure.

curieux, euse, qui a envie de voir, d'apprendre; drôle, étrange.

curiosité, *f.*, désir de voir, de connaître.

Czarévitch, le fils *ou* l'héritier présomptif du tsar.

D

d', *V.* **de**.

dalle, *f.*, tablette de pierre pour paver les trottoirs, les églises, *etc.*

dame, *f.*, femme mariée; *interj.*, qui marque l'hésitation, la surprise.

danger, *m.*, péril, risque, inconvénient.

dangereusement, d'une manière dangereuse.

dans, *prép.*, marquant le rapport d'une chose à ce qui la contient.

danseur, euse, qui danse.

darder, frapper, lancer.

date, *f.*, temps précis où un événement a lieu.

Daun, général autrichien (1705-1766).

dauphin *m.*, fils du roi de France.

davantage, plus, plus longtemps.

David, célèbre peintre français (1748-1825).

de, *prép.*, qui marque l'origine, la matière, la séparation, *etc.*

débarquement, *m.*, action de débarquer.

débarrasser, enlever ce qui embarrasse.

débat, *m.*, différend, contestation.

débiteur, *m.*, personne qui doit.

debout, sur pied.

débouter, déclarer une personne déchue de sa demande en justice.

décapiter, trancher la tête à.

déception, *f.*, action d'être déçu.

déchirer, rompre, mettre en pièces.

décider, déterminer. **Se --**, prendre un parti, une résolution.

décision, *f.*, sentence; résolution.

déclaration, *f.*, action de déclarer.

déclarer, faire connaître, signifier.

déconcerter, interdire, embarrasser.

découpé, e, ouvert.

découverte, *f.*, action de découvrir.

découvrir, trouver ce qui était inconnu; révéler, apercevoir.

dédain, *m.*, mépris exprimé par l'air, le ton.

dedans, dans. **Là-** --, dans cela.

déduire, exposer, tirer une conséquence.

défaire, détruire, affaiblir, battre, vaincre. **Se -- de**, se débarrasser de.

défaite, *f.*, perte d'une bataille.

défaut, *m.*, faible; absence; imperfection physique *ou* morale. **Faire** --, manquer.

défendre, soutenir contre une attaque; prohiber, interdire.

défense, *f.*, action de défendre.

défenseur, *m.*, celui que défend.

défier, provoquer au combat.

définitif, ive, qui termine une affaire.

dégager, retirer, faire sortir d'une position critique.

dégaîner, tirer une épée du fourreau.

dégoûtant, e, qui donne du dégoût, de la répugnance.

dégoûter, ôter l'appétit, faire perdre l'appétit.

dégrèvement, *m.*, action de décharger d'une partie d'impôts.

déguenillé, e, dont les vêtements sont en pieces.

déguisement, *m.*, état d'être déguisé; ce qui sert a déguiser.

dehors, hors d'un lieu, à l'extérieur.

déjà, dès ce moment; auparavant.

déjeuner, *m.*, repas (*du matin*); *verbe*, faire le repas du matin.

délai, *m.*, temps supplémentaire accordé pour faire une chose.

délibéré, e, assuré, aisé, libre, déterminé.

délicieux, euse, extrêmement agréable.

délier, défaire ce qui est lié, dégager.

délinquant, e, qui a commis un délit.

délivrer, débarrasser de.

demain, *adv.*, le jour qui suit immédiatement celui où l'on est.

demande, *f.*, action de demander; question.

demander, prier, exiger, s'enquérir, faire une demande; proposer.

démêlé, *m.*, querelle, débat.

déménager, changer de logement.

démener: **se** --, s'agiter vivement.

demeurer, habiter, rester.

demi, e, qui est l'exacte moitié d'un tout. **Demi-heure**, la moitié d'une heure.

demoiselle, *f.*, fille qui n'est pas mariée.

démolir, abattre pièce à pièce.

démonstration, *f.*, raisonnement par lequel on établit la vérité d'une proposition.

dent, *f.*, chacun des petits os enchassés dans la mâchoire, qui servent à broyer les aliments.

dépêche, *f.*, avis, communication.

dépêcher: **se** --, se hâter.

dépeindre, décrire.

dépit, *m.*, chagrin mêlé de colère.

déplaire, fâcher, offenser.

déployer, développer, étaler.

déposer, poser une chose qu'on portait; mettre en dépôt.

dépôt, *m.*, action de déposer; chose déposée.

dépouiller, arracher la peau de; dénuder; ôter les vêtements de; priver.

dépourvu, e, privé. **Au** --, à l'improviste.

depuis, à partir de.

déranger, ôter de son rang, de sa place; détourner de ses habitudes, de son devoir.

dernier, ère, qui vient après tous les autres. **Ce** --, celui-ci.

dérober, prendre furtivement; soustraire; cacher.

dérouler, étendre; deployer; étaler; développer.

déroute, *f.*, fuite de troupes vaincues; désordre; ruine.

derrière, en arrière de; après; à la suite de.

derviche, *m.*, religieux musulman.

dès, *art. contracté pour* **de les**.

des, *prép.*, depuis, à partir de.

désagréable, qui déplaît.

désagrément, *m.*, sujet de déplaisir, de chagrin.

désappointer, tramper l'espoir de.

désavantage, *m.*, infériorité, préjudice. **Au** --, à l'inconvénient.

descendre, aller de haut en bas; tomber; baisser; loger (*dans un hôtel*).

désert, e, inhabité; *N. m.*, lieu, pays aride et inhabité.

déserter, abandonner, quitter.

désespérer, plonger dans le désespoir.

désigner, indiquer, fixer, nommer d'avance.

désirer, souhaiter la possession de; convoiter; vouloir.

désoler, affliger.

désolé, e, très affligé.

désormais, à partir du moment actuel.

despote, *m.*, souverain qui gouverne arbitrairement.

dessein, *m.*, but, projet, résolution.

desservir, enlever les plats de dessus une table.

dessin, *m.*, art de dessiner.

dessiner, reproduire, avec le crayon *ou* la plume, la forme des objets.

dessous, *adv. de lieu*. **Au** --, plus bas. **Par** --, de la partie inférieure.

dessus, *adv. de lieu*. **Au** --, plus haut que. **Par** --, plus haut que.

destinée, *f.*, sort auquel on est réservé; vie.

destiner, déterminer la destination d'une personne *ou* d'une chose.

destruction, *f.*, action de détruire.

détachement, *m.*, troupe de soldats détachés d'une armée pour une expédition.

détacher, délier, ôter, éloigner, séparer.

détail, *m.*, action de diviser en morceaux; circonstance.

détailler, couper en pièces; vendre au détail; raconter avec détail.

détester, avoir en horreur, abhorrer, exécrer.

détourner, changer la direction; dissuader. **Se** --, se retourner.

détruire, abolir, anéantir, démolir.

deux, nombre double de l'unité.

dévaliser, voler à quelqu'un ses effets, son argent.

devancer, précéder; surpasser.

devant, en face de, en avant de. -- **moi**, en ma présence.

devenir, être en voie d'être quelque chose.

deviner, prédire ce qui doit arriver.

devoir, *m.*, ce à quoi l'on est obligé; *verbe*, être tenu de payer; être redevable, obligé; avoir l'intention (*marque la probabilité*).

dévorer, manger avidement; consumer.

dévouement, *m.*, abandonnement entier aux volontés d'un autre, disposition à le servir en toutes circonstances.

dey, *m.*, autrefois chef du gouvernement d'Alger.

diable, *m.*, démon. **Pauvre** --, misérable, pauvre homme.

dialogue, *m.*, conversation entre plusieurs personnes.

dicter, prononcer des mots qu'un autre écrit au fur et à mesure.

dicton, *m.*, sentence passée en proverbe.

Diderot, philosophe français, l'un des auteurs de "l'Encyclopédie" (1713-1784).

dieu, *m.*, être suprême; créateur; divinité du paganisme.

différence, *f.*, défaut de similitude.

différend, *m.*, débat, contestation.

difficile, qui ne se fait qu'avec peine. **Faire le** --, être difficile à contenter.

difficulté, *f.*, ce qui rend une chose difficile; obstacle.

digne, qui mérite; bon, honnête; qui a un air de gravité.

dignité, *f.*, titre éminent; gravité dans les manières; respect de soi-même.

diligent, e, qui agit avec zèle et promptitude.

diminuer, amoindrir; devenir moindre.

dindon, *m.*, genre d'oiseau, à la queue large et étalée.

dîner, prendre le repas au milieu *ou* à la fin de la journée, selon les habitudes.

dire, exprimer au moyen de la parole. **Dites donc**! *exclamation*, dites-moi!

directeur, trice, qui est à la tête d'une administration, d'un établissement.

diriger, conduire, mener.

discipline, *f.*, soumission *ou* contrainte aux règlements.

discrétion, *f.*, retenue judicieuse dans les paroles, les actions.

discussion, *f.*, examen, débat.

disgrace, *f.*, perte des bonnes grâces d'une personne puissante; infortune, malheur.

disparaître, cesser de paraître; ne plus se trouver; mourir, ne plus exister.

disposer: **se --**, se préparer.

dispute, *f.*, débat contradictoire; querelle, altercation.

disputer, avoir une discussion; se quereller.

dissuader, détourner quelqu'un d'une résolution; déconseiller.

distance, *f.*, intervalle qui sépare deux points de l'espace.

distinguer, discerner par les sens; séparer, établir la différence; caractériser.

distraction, *f.*, inapplication; chose faite par inadvertance.

distrait, e, peu attentif à ce qu'il dit *ou* à ce qu'il fait.

distribuer, partager, diviser.

divers, e, différents, plusieurs.

diversifier, varier, changer.

divertissement, *m.*, moyen de se divertir; récréation amusante.

dix, deux fois cinq.

dix-huit, dix et huit.

docteur, *m.*, titre donné aux médecins; celui qui a passé son doctorat.

doctorat, *m.*, grade de docteur.

domaine, *m.*, propriété; étendue des objets qu'embrasse un art, une science.

domestique, *m.*, serviteur; *f.*, servante.

dominicain, e, religieux de l'ordre de Saint-Dominique.

domino, *m.*, costume de bal masqué.

dommage, *m.*, perte, préjudice. **C'est** --! c'est fâcheux. --**s-intérêts**, indemnité due pour réparation.

dompter, vaincre, maîtriser.

don, *m.*, aptitude, talent; donation.

Don César de Bazan, drame en cinq actes, de Dumanoir et d'Ennery (1844).

donc, *conj.*, qui marque la conclusion d'un raisonnement, la surprise, l'incrédulité; par conséquent.

donner, faire don, communiquer, causer, *etc.* -- **contre**, heurter. -- **dans**, s'occuper de.

dont, *pron. rel.*, de qui, duquel, de quoi, *etc.*

dorer, recouvrir d'or. -- **la pilule**, faire accepter par des paroles aimables une chose désagréable.

dormir, reposer dans le sommeil.

double, qui vaut, pèse, contient deux fois la chose.

douceur, *f.*, qualité de ce qui est doux.

douer, avantager, favoriser.

douleur, *f.*, souffrance physique *ou* morale.

douloureux, euse, qui cause de la douleur.

doute, *m.*, incertitude; soupçon; crainte.

douter, ne pas savoir si une chose est vraie ou fausse. **Se** --, soupçonner.

doux, douce, agréable. **Consonne douce**, muette facile à prononcer.

douzaine, *f.*, douze objets de même espèce.

douze, dix et deux.

drachme, *f.*, monnaie grecque d'argent, qui vaut un franc.

dramaturge, *m.*, auteur de drames.

drap, *m.*, étoffe de laine.

drapeau, x, *m.*, pièce d'étoffe attachée à une sorte de lance, portant les couleurs d'une nation.

dresser, lever, construire, rédiger.

droit, *m.*, faculté de faire un acte, de jouir d'une chose. **Faire** --, rendre justice.

droit, e, qui n'est pas courbé.

drôle, amusant, bizarre.

Drury-Lane, nom de théâtre.

du, *art. contracté pour* **de le**.

Dubois, célèbre cardinal, de caractère bas et pervers, mais doué de sérieux talents diplomatiques (1656-1723).

duc, *m.*, souverain d'un duché.

duchesse, *f.*, femme d'un duc *ou* qui possède un duché.

duel, *m.*, combat entre deux adversaires.

dupé, e, trompé.

dur, e, ferme, solide, difficile à entamer.

durant, pendant.

durée, *f.*, espace de temps que dure une chose.

durer, continuer d'être.

Dyck (Antoine Van), célèbre peintre, après Rubens, le plus grand artiste de l'école flamande (1599-1641).

E

eau, *f.*, liquide transparent, insipide, inodore.

ébahi, e, très surpris, stupéfait.

ébauche, *f.*, première esquisse.

ébaucher, dessiner, tracer l'ébauche d'un ouvrage; indiquer légèrement.

éborgner, rendre borgne; priver de la vue d'un œil.

ébranlement, *m.*, mouvement causé par une secousse.

ébrécher, faire une brèche.

écarté, e, détourné, solitaire; *N. m.*, nom d'un jeu de cartes.

échafaudage, *m.*, construction d'échafauds pour peindre, bâtir, *etc.*

échange, *m.*, troc d'une chose pour une autre, acceptée comme équivalent.

échanger, faire un échange.

échapper, s'évader, fuir; se soustraire; n'être pas aperçu, compris.

échouer, ne pas réussir; succomber.

éclair, *m.*, éclat subit et passager de lumière, causé par l'électricité des nuages.

éclaire, e, instruit.

éclairer, répandre de la clarté sur; servir à faire voir; instruire.

éclat, *m.*, partie d'un objet brisé violemment; gloire; action d'éclater. **Action d'--**, action remarquable.

éclater, se briser par éclats; produire un bruit subit et violent; se manifester; s'emporter.

école, *f.*, établissement où l'on enseigne.

écot, *m.*, quote-part de chaque convive, à un repas commun.

écouter, prêter l'oreille pour entendre.

écraser, aplatir et briser par compression; vaincre; accabler; tuer.

écrier: **s'--**, faire un grand cri.

écrire, figurer sa pensée au moyen de caractères convenus; composer; orthographier.

écrit, *m.*, route chose écrite. **Par --**, en forme d'écrit.

écriteau, *m.*, inscription en grosses lettres pour annoncer quelque chose.

écu, *m.*, ancien bouclier oblong; ancienne monnaie valant trois livres.

écume, *f.*, mousse blanchâtre qui se forme sur un liquide agité et échauffé; bave de certains animaux échauffés *ou* en colère.

écurie, *f.*, lieu destiné à loger les chevaux, *etc.*

effacer, faire disparaître, rayer, biffer, raturer; faire oublier.

effectivement, en effet.

effet, *m.*, résultat; exécution; impression. **En --**, réellement; *pl.*, biens, propriété.

efficace, qui produit l'effet désiré.

effigie, *f.*, représentation, image d'une personne.

effort, *m.*, action énergique du corps *ou* de l'esprit.

effraction, *f.*, fracture faite dans l'intention de voler.

effrayant, e, qui effraie, cause de la peur.

effrayer, donner de la frayeur.

effroi, *m.*, grande frayeur, peur.

effroyable, qui cause de l'horreur.

également, d'une manière égale, semblable.

égard, *m.*, attention, marque d'estime. **À l'-- de**, relativement à.

égaré, e, errant, perdu.

église, *f.*, temple destiné à la célébration d'un culte chrétien.

égorger, couper la gorge, tuer.

égratignure, *f.*, blessure légère.

eh! exclamation de surprise.

élancer, pousser avec force.

Elbe, petite île de la Méditerranée, où Napoleon fut relégué en 1814.

élément, *m.*, principe constitutif d'un objet matériel quelconque, **les quatre --s** (chez les anciens): l'air, le feu, la terre, et l'eau.

éléphant, *m.*, genre d'animal, le plus gros des quadrupèdes.

élève, *m. et f.*, qui reçoit les leçons d'un maître; écolier.

élever, rendre *ou* mettre plus haut.

elle, *pr. pers. f. de la 3me personne.*

éloge, *m.*, discours louangeux.

éloigner, envoyer loin, écarter. **S'--**, aller loin.

embarquer, mettre dans une barque, dans un navire. **S'--**, monter dans un navire.

embarras, *m.* obstacle, encombrement; irrésolution, trouble.

embarrasser, causer de l'embarras.

embrasser, serrer dans ses bras; donner un baiser; adopter.

émerveiller, étonner, inspirer de l'admiration.

émigré, e, qui a quitté son pays pour s'établir dans un autre.

émouvoir, exciter, causer un trouble de l'âme.

emparer: **s'--**, se saisir d'une chose.

empêcher, mettre obstacle à.

empereur, *m.*, chef d'un empire.

empire, *m.*, souverain pouvoir; influence; état gouverné par un empereur.

emplette, *f.*, achat de marchandises.

emploi, *m.*, usage qu'on fait d'une chose; occupation; fonctions.

employé, e, qui remplit un emploi.

employer, faire usage de; donner de l'occupation à.

empocher, mettre en poche.

emportement, *m.*, mouvement violent, causé par une passion.

emporter, enlever, ôter, faire disparaître. **S'--**, se mettre en colère. **L'-- sur**, vaincre.

empresser: **s'--**, agir avec ardeur, avec zèle; se hâter; montrer une civilité attentive.

emprunt, *m.*, action d'emprunter.

emprunter, obtenir à titre de prêt; recevoir de.

emprunteur, euse, qui a l'habitude d'emprunter.

en, *prép.*, dans.

en, *pron. rel. invar.*, de lui, d'elle, d'eux, d'elles.

enamourer, inspirer de l'amour à. **S'-- de**, devenir amoureux de.

enchanté, e, ensorcelé; très content.

encore, jusqu'à présent; de nouveau; de plus; et même.

endormi, e, qui dort.

endroit, *m.*, lieu, place, pays, localité, côté.

énergiquement, avec énergie.

enfance, *f.*, période de la vie depuis la naissance jusqu'à la douzième année environ.

enfant, *m. et f.*, garçon, fille, dans l'enfance.

enfer, *m.*, lieu destiné au supplice des damnés.

enfin, bref, en un mot, à la fin.

enfoncer, pousser, mettre au fond, faire pénétrer bien avant.

enfuir: **s'**--, fuir de quelque lieu; s'éloigner.

engagement, *m.*, action d'engager.

engager, lier par une promesse; inviter; faire entrer. **S'**--, s'enrôler dans l'armée; entrer.

engloutir, avaler, absorber, dissiper.

engraisser, devenir gras; prendre de l'embonpoint.

enharnacher, mettre les harnais à un cheval.

énigmatique, inexpliqué.

énigme, *f.*, chose difficile à comprendre.

enjoué, e qui a de la gaieté douce et habituelle.

ennemi, e, qui hait quelqu'un, qui cherche à lui nuire.

Ennius, un des plus anciens poètes latins, né en 240 av. J.-C.

ennui, *m.*, lassitude morale; ce qui contrarie.

ennuyé, e, contrarié, qui éprouve de l'ennui.

ennuyer, causer de l'ennui. **S'**--, éprouver de l'ennui.

énorme, très grand, immense.

enrager, être vexé, furieux.

enrouler, rouler une chose avec une autre.

enseigne, *f.*, tableau, figure à la porte d'une boutique, pour indiquer la nature du commerce; drapeau.

ensemble, l'un avec l'autre; en même temps.

ensevelir, enterrer; envelopper dans un linceul.

ensuite, à la suite; après.

entamer, couper le premier morceau; faire une légère incision; commencer.

entendre, percevoir par le sens de l'ouïe; écouter, comprendre. **S'--**, être d'accord; se connaître à.

enterrer, enfouir; inhumer; mettre en terre.

entêté, e, opiniâtre.

enthousiasmé, e, engoué, ravi d'enthousiasme.

entier, ère, complet.

entièrement, tout à fait.

entortiller, envelopper en tortillant, enrouler.

entourer, disposer autour; environner.

entre, au milieu de, parmi; dans l'intervalle.

entr'aider: **s'--**, s'aider mutuellement.

entrée, *f.*, action d'entrer; endroit par où on entre; premiers mets servis dans un repas. **Droit d'--**, droit de douane.

entremets, *m.*, mets léger que l'on sert après le rôti et avant le dessert.

entreprise, *f.*, mise à exécution d'un projet.

entrer, passer du dehors en dedans; venir.

entretenir, tenir en bon état; fournir les chases nécessaires. **S'--**, causer, parler.

entretien, *m.*, conversation.

entrevue, *f.*, rencontre concertée.

envers, à l'égard de.

envie, *f.*, déplaisir qu'on ressent du bonheur d'autrui; désir.

envier, être attristé du bonheur d'autrui; désirer.

environ, *adv.*, à peu près.

environs, *m. pl.*, lieux qui sont alentour.

environner, mettre *ou* être autour.

envisager, regarder au visage; examiner, considérer en esprit.

envoyé, e, ambassadeur, messager.

envoyer, faire aller; déléguer; lancer; congédier.

épais, aisse, qui a de l'épaisseur; pas mince.

épargner, accumuler par économie; éviter.

épaule, *f.*, partie la plus élevée du bras.

épaulette, *f.*, bande d'étoffe formant la partie du vêtement qui couvre l'épaule; signe qui indique le grade d'un militaire.

épée, *f.*, arme que l'on porte suspendue au côté. **L'-- à la main**, les armes à la main.

épigramme, *f.*, petite pièce de vers qui se termine par un trait piquant, malin.

épisode, *f.*, action incidente liée à l'action principale.

époque, *f.*, point fixé dans l'histoire; date.

épouser, prendre en mariage.

épouvantable, qui cause de la terreur excessive.

épouvanter, effrayer; jeter dans l'épouvante, la frayeur.

époux, *m.*, **épouse**, *f.*, celui *ou* celle que le mariage unit.

épreuve, *f.*, expérience, essai; malheur qui éprouve le courage.

éprouver, essayer, mettre à l'épreuve.

épuiser, tarir, consommer, affaiblir; lasser.

équipage, *m.*, train, suite de valets, de voitures, *etc.*; ensemble de tous les hommes embarqués pour le service d'un vaisseau.

équivaloir, être de même valeur.

errer, aller çà et là à l'aventure; se tromper.

erreur, *f.*, méprise, opinion fausse.

erroné, e, qui contient des erreurs.

escapade, *f.*, action de s'échapper d'un lieu, de manquer à une obligation.

esclave, *adj. et n.*, personne sous la puissance absolue d'un maître.

escorter, accompagner pour protéger, surveiller, *etc.*

Esculape, dieu de la médecine; *fam.*, médecin.

Esope, fabuliste grec (620-560 av. J.-C.).

espace, *m.*, étendue indéfinie *ou* limitée; portion de la durée.

espagnol, e, de l'Espagne, état du sud-ouest de l'Europe.

espèce, *f.*, sorte, genre, qualité.

espérer, attendre un bien qu'on désire.

espiègle, subtil, éveillé; aimant à faire des malices.

espion, *m.*, qui se mêle parmi les ennemis pour épier.

espoir, *m.*, espérance.

esprit, *m.*, principe pensant; faculté de concevoir avec rapidité et de s'exprimer ingénieusement. **Bel** --, celui qui a des prétensions à l'esprit.

esquisse, *f.*, premier trait rapide d'un dessin.

essayer, faire l'essai de; tenter.

essoufflé, e, presque hors d'haleine.

essuyer, ôter en frottant l'eau, la poussière, *etc.*

estimable, qui mérite l'estime.

estime, *f.*, cas que l'on fait d'une personne, de son mérite, *etc.*

estimer, faire cas de; déterminer la valeur de; juger.

estomac, *m.*, organe important pour la digestion des aliments.

et, *conj. copulative*, qui sert à lier les parties du discours.

établir, instituer, rendre stable. **S'**--, s'asseoir; s'installer.

étape, *f.*, lieu où s'arrêtent des troupes en marche; distance d'un de ces lieux à l'autre.

état, *m.*, situation; train; nation organisée; forme de gouvernement.

États-Unis, grande république fédérative de l'Amérique du Nord.

été, *m.*, saison la plus chaude de l'année.

étendre, donner plus de surface, de volume; déployer; allonger.

éternel, elle, sans commencement ni fin; qui n'aura point de fin.

étiquette, *f.*, petit écriteau qu'on met sur les marchandises, *etc.*

étoffe, *f.*, drap; tissu de laine, de coton, de soie, *etc.*; matière.

étonnement, *m.*, commotion brusque; surprise.

étonner, frapper d'étonnement. **S'**--, être surpris.

étouffer, empêcher d'éclater.

étrange, contraire à l'usage, au bon sens; extraordinaire.

étranger, ère, qui est d'une autre nation, d'un autre pays.

être, exister; appartenir; se trouver. **À** --, pour avoir été.

étrier, *m.*, sorte d'anneau sur lequel le cavalier appui le pied. **Quitter l'**--, mettre pied à terre.

étudiant, e, personne qui étudie, qui fréquente les cours d'une université.

étudier, s'appliquer pour apprendre; tâcher d'entendre.

eux, *pr. pers. m. pl. de* **lui**.

évacuer, sortir d'une place.

éveiller, tirer du sommeil; exciter; stimuler.

éventail, *m.*, sorte d'écran portatif, servant à faire du vent pour se raffraîchir.

éventaire, *m.*, plateau d'osier pour porter des fruits, *etc.*

évident, e, clair, manifeste.

éviter, esquiver; s'abstenir de.

exactement, avec exactitude, précisément.

examiner, faire l'examen de; regarder attentivement; étudier.

exaucer, satisfaire; accorder.

exceller, être supérieur (à).

excepter, ne pas comprendre dans; exclure du nombre de.

exception, *f.*, chose exceptée.

excessif, ive, qui passe les bornes ordinaires, excède la mesure.

excuse, *f.*, motif pour disculper; expression de regret.

excuser, pardonner. **S'--**, se faire pardonner.

exécrer, abhorrer, détester, haïr.

exécuter, mettle à effet; accomplir. **S'--**, se résoudre à faire une chose.

exécuteur, trice, qui exécute. -- **des hautes œuvres**, bourreau.

exemple, *m.*, qui peut servir de modèle. **Par** --! *interj.*, exprime la surprise.

exhibiteur, *m.*, celui qui exhibite.

exil, *m.*, expatriation volontaire *ou* forcée.

expéditeur, trice, qui fait un envoi de marchandises.

expérience, *f.*, connaissance acquise par une longue pratique, jointe à l'observation; épreuve personnelle.

expérimenté, e, instruit par l'expérience.

explication, *f.*, développement pour faire comprendre; raison des choses; justification.

expliquer, faire comprendre.

exploitation, *f.*, action d'abuser d'une personne à son profit.

explosion, *f.*, commotion accompagnée de détonation.

exposer, mettre en vue; faire connaître; mettre en péril; placer.

exposition, *f.*, action de mettre en vue; lieu où l'on expose les produits de l'art *ou* de l'industrie.

expression, *f.*, manière de s'exprimer; phrase, mot.

exquis, e, d'un goût délicieux; délicat; distingué.

extension, *f.*, action d'étendre; accroissement.

extérieur, e, qui est au dehors.

extraordinaire, qui n'est pas selon l'usage ordinaire.

extrêmement, très.

extrémité, *f.*, le bout, la fin.

exubérance, *f.*, surabondance.

F

fable, *f.*, conte qui cache une moralité sous une fiction.

fabricant, *m.*, qui tient une fabrique.

fabriquer, faire, manufacturer.

face, *f.*, visage, aspect. **En** --, vis-à-vis; par devant de.

facétie, *f.*, bouffonnerie, plaisanterie.

fâcher, mécontenter, causer du chagrin.

fâcheux, euse, qui donne du chagrin; importun.

facile, aisé.

facilité, *f.*, état d'une chose facile.

façon, *f.*, manière, air, cérémonie.

faculté, *f.*, puissance physique *ou* morale; corps de professeurs dans une université.

fagot, *m.*, assemblage de menus bois.

faible, débile, sans vigueur; *N. m.*, défaut; passion dominante.

faillible, qui peut se tromper.

faim, *f.*, besoin de manger.

faire, créer, former, fabriquer; représenter; causer; *N. m.*, manière de peindre. **C'en est fait**, c'est fini. -- **venir**, envoyer chercher.

fait, *m.*, action; événement; chose existante. **Au** --, tout bien considéré. **Tout à** --, entièrement.

falloir, être nécessaire, convenable, utile.

fameux, euse, renommé; célèbre; illustre; extraordinaire.

famille, *f.*, le père, la mère et les enfants vivant sous un même toit.

fanfare, *f.*, air militaire, de trompettes, *etc.*

fanfaron, onne, qui affecte de la bravoure, sans en avoir.

fantaisie, *f.*, imagination, caprice.

farine, *f.*, grain réduit en poudre.

fastueux, euse, qui étale un grand luxe.

fat, sot; plat personnage.

fataliste, partisan du fatalisme.

fatigue, *f.*, sensation pénible causée par le travail.

faubourg, *m.*, partie d'une ville; hors de l'enceinte; quartier.

faussaire, *m. et f.*, qui commet un faux, qui déguise la vérité.

faute, *f.*, manque; imperfection; manquement à une loi morale. -- **de**, à défaut de.

fauteuil, *m.*, grande chaise à bras et à dossier.

fauve, couleur qui tire sur le roux. **Bête** --, bête sauvage.

faux, fausse, contraire à la vérité.

faveur, *f.*, bienveillance; marque exceptionnelle de bienveillance.

favorable, propice, indulgent, bienveillant.

favori, ite, qui plaît le plus.

feindre, simuler pour tramper.

fêlé, e: **tête** --, un peu folle.

féliciter, complimenter.

femme, *f.*, campagne de l'homme; épouse.

fendre: **geler à pierre** --, geler très fort.

Fénelon, archevêque de Cambrai, précepteur du due de Bourgogne (1651-1715).

fenêtre, *f.*, ouverture ménagée dans un mur pour donner du jour et de l'air.

fer, *m.*, métal d'un gris bleuâtre; pointe en fer d'une lance. **Chemin de** --, voie ferrée.

ferme, *adj.*, solide, stable, fixe.

ferme, *f.*, domaine rural.

fermer, boucher une ouverture.

fermier, *m.*, qui tient à ferme une propriété agricole.

féroce, sauvage; qui annonce la cruauté.

ferré, e, garni de fer; *fam.*, **être -- sur**, connaître à fond.

fertile, fécond, qui produit beaucoup.

festin, *m.*, banquet, dîner.

fête, *f.*, réjouissance publique en l'honneur de quelque événement mémorable.

feu, *m.*, amas de bois, de charbon, *etc.*, en combustion; foyer.

feuilleter, lire négligemment et à la hâte.

fiacre, *m.*, voiture de place.

fidèle, constant, exacte, sûr.

fier, ère, arrogant, superbe, audacieux.

fier, mettre sa confiance en quelqu'un.

fièrement, d'une manière hautaine; extrêmement.

fièvre, *f.*, état maladif caractérisé par la fréquence du pouls et l'élévation de la température.

figure, *f.*, forme extérieure; visage.

filandreux, euse, enchevêtré, confus et long.

filer, mettre en file; aller rapidement; s'en aller.

fille, *f.*, personne du sexe féminin par rapport aux parents; personne du sexe féminin non mariée.

fils, *m.*, enfant mâle, par rapport aux parents.

fin, *f.*, bout, extrémité, but, terme.

fin, e, délié et menu; précieux; spirituel; rusé, habile.

financier, *m.*, celui qui spécule sur l'argent.

finesse, *f.*, habileté; action rusée.

finir, achever, terminer; être terminé.

fixe, établi, assujetti d'une manière durable à une place déterminée.

Flandre, nom autrefois donné à un pays au nord-ouest de l'Europe.

flâneur, euse, qui flâne, perd le temps.

flatter, affecter agréablement; louer à l'excès pour séduire.

flatteur, euse, qui flatte; séduisant.

fléau, x, *m.*, grande calamité.

flèche, *f.*, trait formé d'une hampe en bois armée d'une pointe à un bout, empennée à l'autre.

fleur, *f.*, organe producteur des plantes.

flot, *m.*, eau agitée, onde, vague; liquide répandu en abondance.

foi, *f.* assurance; fidélité; croyance.

foin, *m.*, herbe fauchée et séchée pour la nourriture des animaux domestiques.

foire, *f.*, grand marché public, se tenant à des époques fixes.

fois, *f.*, marque la quantité, la réitération, la multiplication. **À la --**, en même temps. **Une --**, un jour.

fonctionnaire, *m.*, qui remplit une fonction publique; préposé (*de l'octroi, par ex.*)

fonctionner, agir, remplir sa fonction.

fond, *m.*, endroit le plus bas, le plus éloigné.

fondamental, e, aux, principal, essentiel.

fonder, appuyer de raisons, de motifs, de preuves.

fondre, amener à l'état liquide; devenir liquide. -- **sur**, se précipiter sur.

force, *f.*, puissance; violence; énergie; talent; autorité.

force, *adj.*, beaucoup de.

forcé, e, qui n'est pas naturel; inévitable. **Travaux --s**, *V.* **travail**.

forcer, obliger.

forger, inventer.

formation, *f.*, action de former, de se former.

former, donner l'être et la forme; composer; constituer.

formidable, qui est à craindre; redoutable.

fort, e, vigoureux, solide; rude; violent; sonore; *adv.*, beaucoup, très.

fortement, avec force.

fortune, *f.*, hasard, chance; sort; malheur, bonheur; biens, richesses.

fou, folle, qui a perdu la raison.

foudre, *f.*, décharge électrique aérienne, accompagnée d'explosion et de lumière; *m.*, faisceau de dards en zigzag, attribut de Jupiter.

foudroyant, e, qui foudroie; atterrant; qui cause une émotion soudaine et violente.

fouiller, faire des recherches dans.

foule, *f.*, presse, multitude de personnes.

fourbe, *m.*, qui trompe avec perfidie.

fournir, pourvoir, livrer, procurer.

fourrage, *m.*, herbe, paille, foin, pour la nourriture des bestiaux.

fourrager, aller au fourrage.

fourreau, *m.*, gaîne, étui servant d'enveloppe.

fourrure, *f.*, peau d'animal.

foyer, *m.*, lieu où l'on fait le feu; maison; demeure; famille.

fracas, *m.*, bruit; tumulte.

frais, *m. pl.*, dépense; dépens. **Rentrer dans ses** --, recevoir son argent.

frais, fraîche, légèrement froid; pas fatigué; récent; *N. m.*, froid agréable (**prendre le** --).

franc, unité monétaire en argent; vingt sous.

français, e, de France.

France, un des principaux états de l'Europe occidentale.

François I, roi de France de 1515 à 1547.

frapper, battre; donner un *ou* plusieurs coups; produire de l'effet.

frayeur, *f.*, crainte vive; grande peur.

frégate, *f.*, sorte de vaisseau.

fréquemment, souvent.

frère, *m.*, né du même pere, de la même mere.

fresque, *f.*, tableau peint sur une muraille, avec des couleurs détrempées dans de l'eau de chaux.

friand, e, qui aime les morceaux délicats.

friponnerie, *f.*, action de fripon; fourberie.

froid, *m.*, absence de chaleur; sensation produite par l'absence de chaleur (**prendre** --).

froid, e, privé de chaleur.

froncer, resserrer, rider, plisser.

frondeur, *adj.*, qui aime à critiquer, à blâmer.

front, *m.*, partie supérieure du visage; le devant; expression du visage.

fruit, *m.*, production des végétaux qui succède a la fleur, et qui contient la semence.

fruitier, ère, qui porte des fruits.

fuir, s'éloigner rapidement pour échapper.

fumer, jeter de la fumée; aspirer du tabac et en rejeter la fumée.

fureur, *f.*, colère extrême; passion démesurée.

furieux, euse, qui est en colère; impétueux.

fusil, *m.*, arme à feu longue et portative.

futur, e, qui sera dans un temps à venir; celui *ou* celle qu'on doit épouser bientôt.

G

gagner, faire un gain; remporter après lutte.

gaiement, avec gaieté, joyeusement.

gala, *m.*, grande fête.

gamin, *m.*, enfant qui passe son temps dans les rues.

Gange, grand fleuve d'Asie.

garçon, *m.*, enfant mâle; jeune homme; célibataire; employé; ouvrier.

garde, *f.*, guet, surveillance. **Prendre --**, faire attention. **En --**, dans une attitude de défense. **Un -- -française**, un soldat de la garde française.

garde-chasse, *m.*, agent chargé de veiller, sur un domaine, à la conservation du gibier.

garder, conserver, retenir, surveiller, défendre, réserver. **Se -- de**, éviter.

gare! *interj.*, pour avertir de prendre garde à soi.

garer: se --, se mettre à l'abri, à l'écart.

Gargantua, principal personnage et titre d'un livre de Rabelais. Le mot désigne un homme aux appétits sensuels et insatiables.

garnison, *f.*, troupes établies dans une ville.

Garonne, petit fleuve en France.

Garrick (David), acteur anglais. Il triompha dans les plus beaux rôles de Shakespeare (1717-1779).

gascon, onne, de la Gascogne (*ancienne province de France*).

gastronome, *m.*, celui qui connaît et pratique l'art de faire bonne chère, de bien manger.

gâter, endommager, corrompre.

Gautier (Théophile), poète et critique français (1811-1872).

geler, transformer en glace, durcir par le froid.

gémir, exprimer sa peine par des sons plaintifs.

général, aux, *m.*, officier qui commande une armée.

général, e, aux, public; universel.

généralement, d'ordinaire.

généralité, *f.*, le plus grand nombre.

généreusement, largement.

génie, *f.*, talent, goût; personne douée de talent.

genou, x, *m.*, partie du corps où la jambe se joint à la cuisse.

genre, *m.*, sorte; mode; goût (*dans l'art et la littérature*).

gens, *m. f. pl.*, personnes en général.

gentil, ille, bien élevé.

géographe, *m.*, qui sait la géographie, qui dresse des cartes géographiques.

géomètre, *m.*, qui s'occupe de géométrie.

Georges, nom d'homme.

gérant, *m.*, qui administre les affaires d'autrui.

gésir, être couché.

gibier, *m.*, nom générique des animaux que l'on chasse.

glacé, e, très froid.

glisser, couler, mettre légèrement une chose en un lieu.

gloire, *f.*, honneur; hommage; splendeur.

glorieux, euse, plein de gloire.

gloutonnerie, *f.*, vice de manger beaucoup et avec avidité.

gorge, *f.*, partie antérieure du cou.

gosse, *m. et f.*, enfant.

gourmand, e, qui mange avec excès les bons morceaux.

goût, *m.*, sens par lequel on discerne les saveurs; saveur; sentiment du beau; élégance.

goûter, discerner les saveurs par le goût; approuver.

gouvernement, *m.*, constitution politique; ceux qui gouvernent un État.

grâce, *f.*, faveur qu'on fait sans y être obligé; pardon; agrément. **De bonne --**, sans répugnance.

grade, *m.*, degré.

grain, *m.*, tout fruit *ou* semence qui ne présente qu'un petit volume.

Gramont, (Philibert, comte de, 1621-1707).

grand, e, qui est fort étendu dans ses dimensions; important; de taille élevé; qui excelle par le talent, *etc.*

grandeur, *f.*, étendue en hauteur, largeur, longueur; sublimité; autorité; majesté.

grand-père, *m.*, père du père *ou* de la mère.

grappe, *f.*, assemblage de fruits (*comme le raisin*) *ou* de fleurs.

gras, grasse, qui a beaucoup de graisse.

gratification, *f.*, pourboire.

gratis, sans qu'il en coûte rien.

gratter, racler avec les ongles.

grave, pesant, sérieux, important.

gravement, sérieusement.

graver, tracer, empreindre fortement.

gré, *m.*, volonté. **Bon -- mal --**, volontairement ou avec force.

grec, grecque, de la Grèce.

grenadier, *m.*, soldat chargé de lancer des grenades.

Gretchen, nom de femme.

grognard, e, qui est dans l'habitude de grogner; vieux soldat.

grognement, *m.*, murmure mécontent.

grogner, murmurer entre ses dents.

grommeler, murmurer, se plaindre entre ses dents.

gros, grosse, grand, volumineux; épais; important.

grossier, ère, qui n'est pas fin; rude; impoli.

guenille, *f.*, haillon, chiffon.

guère, peu, pas beaucoup.

guérir, délivrer d'un mal physique *ou* moral; recouvrer la santé; revenir à la santé.

guerre, *f.*, lutte à main armée entre deux peuples *ou* deux partis.

guerrier, ère, qui fait la guerre; soldat.

guerroyer, faire la guerre.

guetter, épier pour surprendre.

gueule, *f.*, bouche (*des animaux*).

gueux, gueuse, indigent; nécessiteux.

guide, *m.*, celui qui accompagne quelqu'un pour lui montrer le chemin.

Guillaume III, prince d'Orange, stathouder de Hollande en 1672, roi d'Angleterre en 1689 (1650-1702).

guillotiner, trancher la tête au moyen de la guillotine.

guinée, *f.*, monnaie de compte d'Angleterre, valant 26 fr. 48 c.

Guise, grande famille ducale.

Gustave III, roi de Suède de 1771 à 1792.

H

habile, apte, adroit.

habiller, vêtir, pourvoir d'habits.

habit, *m.*, vêtement; ensemble des pièces qui composent un vêtement.

habitant, e, qui réside habituellement en un lieu.

habiter, faire sa demeure en un lieu; demeurer.

habitude, *f.*, coutume; disposition acquise par des actes réitérés. **D'--**, ordinairement.

habitué, e, qui fréquente habituellement un lieu.

habituel, elle, qui est passé en habitude.

habituer, accoutumer, faire prendre l'habitude.

hâbleur, *m.*, qui parle beaucoup, avec vanterie, exagération.

haillon, *m.*, vieux lambeau de toile *ou* d'étoffe; vêtement dépenaillé.

haler, tirer avec force.

halte, *f.*, moment d'arrêt pendant une marche; *interj.*, pour commander de s'arrêter.

hameçon, *m.*, petit crochet pointu, d'acier fin, qu'on place au bout d'une ligne pour attraper du poisson.

happer, saisir en ouvrant et refermant brusquement la bouche, la gueule, le bec.

hardi, e, audacieux, effronté.

hardiesse, *f.*, nature d'une personne *ou* d'une chose hardie.

harmonie, *f.*, suite de sons agréables; accord parfait.

hasard, *m.*, fortune, sort, chance, cas fortuit. **Par** --, fortuitement.

hâte, *f.*, promptitude, précipitation.

hâter, accélérer, faire dépêcher. **Se** --, se dépêcher.

haut, e, élevé; à haute voix.

hautes-œuvres: **l'éxécuteur des** --, bourreau.

hautesse, *f.*, titre qu'on donne au sultan; majesté.

hauteur, *f.*, élévation; fierté.

hé! *interj.*, qui sert à appeler l'attention, à exprimer la surprise.

hélas! *interj.*, de plainte.

Henri IV, roi de France de 1589 à 1610.

héritage, *m.*: **faire un** --, hériter.

hériter, recueillir une succession.

héritier, ère, qui hérite *ou* qui doit hériter de quelqu'un.

héroïquement, d'une manière héroïque; courageusement.

héros, *m.*, celui qui se distingue par sa grandeur d'âme; principal personnage d'une aventure.

hésiter, être incertain sur ce que l'on doit faire.

heure, *f.*, la vingt-quatrième partie du jour. **De bonne** --, tôt. **Tout à l'**--, bientôt; il n'y a qu'un moment.

heureux, euse, content, fortuné.

heurter, choquer rudement; frapper à une porte.

hier, jour qui précède immédiatement le jour où l'on est.

histoire, *f.*, récit des événements passés. -- **naturelle**, description des êtres.

hiver, *m.*, la plus froide des quatre saisons de l'année.

hollandais, e, de la Hollande.

homme, *m.*, individu de sexe masculin. **Notre** --, celui dont nous parlons (*par ex.: notre médecin, notre tailleur*).

honnête, conforme à la probité, à l'honneur, à la décence, à la politesse.

honnêteté, *f.*, probité.

honneur, *m.*, gloire, estime. **Faire -- à un repas**, y bien manger.

honte, *f.*, trouble de l'âme causé par la crainte du déshonneur, du ridicule. **Faire -- à**, rendre honteux.

honteux, euse, qui éprouve de la confusion.

hôpital, aux, *m.*, établissement où l'on soigne les malades.

horloger, *m.*, qui fait, répare, vend des horloges, des pendules, *etc.*

horlogerie, *f.*, magasin, fabrique de l'horloger.

horoscope, *m.*, observation qu'un astrologue faisait de l'état du ciel à l'heure de la naissance d'un enfant, et par laquelle il prétendait connaître à l'avance les événements de sa vie.

horrible, épouvantable.

hors, à l'extérieur.

hôte, *m.*, personne qui donne l'hospitalité; personne qui reçoit l'hospitalité.

hôtel, *m.*, demeure somptueuse; maison meublée où descendent les voyageurs.

hôtelier, *m.*, qui tient un hôtel.

Huguenot, calviniste. **Les --s**, opéra en cinq actes, paroles de Scribe et d'E. Deschamps, musique de Meyerbeer (1836).

huit, deux fois quatre.

huître, *f.*, genre de mollusques à double coquille.

humble, qui s'abaisse volontairement; qui marque l'humilité; de peu d'importance.

humeur, *f.*, disposition de l'esprit, du tempérament.

humilier, abaisser, rabattre.

hussard, soldat de cavalerie légère.

Hyde, nom d'un lord anglais.

I

ici, en ce lieu-ci.

idée, *f.*, représentation d'une chose dans l'esprit; manière de voir; intention arrêtée; conception.

identité, *f.*, ce qui fait qu'une chose est la même qu'une autre.

ignorant, e, qui n'a point de savoir.

ignorer, ne pas savoir.

il, *pr. pers. m. de la 3me personne.*

île, *f.*, espace de terre entouré d'eau de tous côtés.

illustre, fameux, célèbre.

image, *f.*, représentation de quelque chose en peinture, en dessin, *etc.*, dans l'esprit, dans un miroir, *etc.*

imagination, *f.*, faculté d'imaginer.

imaginer, avoir l'idée. **S'--**, croire; comprendre; inventer.

imbécile, faible d'esprit.

imiter, faire *ou* s'efforcer de faire ce que fait un autre; prendre pour modèle.

immédiatement, tout de suite, sur-le-champ.

immense, qui est presque sans bornes, sans mesure.

imminence, *f.*, qualité de ce qui est imminent, qui va arriver bientôt.

impassible, insensible à la douleur *ou* aux émotions.

impatienter, faire perdre patience.

impertinent, e, irrévérencieux, insolent, offensant.

impiété, *f.*, mépris pour les choses de la religion.

impitoyable, qui est sans pitié.

implorer, demander humblement et avec instance.

importance, *f.*, ce qui fait qu'une chose est considérable.

important, e, considérable; *N. m.*, homme vain.

importer, être de consequence. **N'importe**, cela m'est égal.

impossible, qui ne peut être, ne peut se faire; très difficile.

imposteur, *m.*, homme qui cherche à tromper, à en imposer par de fausses apparences.

impôt, *m.*, contribution exigée des citoyens pour assurer le service des charges publiques.

impression, *f.*, effet produit sur les sens, le cœur, l'esprit.

improviste: **à l'--**, d'une façon inattendue; subitement.

imprudent, e, qui manque de prudence.

impudence, *f.*, effronterie sans pudeur.

incident, *m.*, événement de médiocre importance, qui survient au cours d'une affaire.

incliner, baisser, pencher. **S'--**, se pencher par respect, par crainte.

incognito, sans être connu; sous un nom supposé.

incommoder, causer de l'incommodité, de la malaise.

inconduite, *f.*, mauvaise conduite.

inconnu, e, qui n'est point connu.

inconscient, e, qui n'a pas conscience de ses actes.

incontestable, qui ne peut être contesté.

inconvénient, *m.*, désavantage attaché à une chose.

incroyable, qui ne peut être cru *ou* qui est difficile à croire.

indemnité, *f.*, ce qu'on alloue à quelqu'un pour le dédommager d'un prejudice.

Inde, vaste péninsule de l'Asie méridionale.

indépendance, *f.*, état d'une personne indépendante; caractère indépendant.

indigne, qui ne mérite pas; qui déshonore; méchant.

indigné, e, qui éprouve de l'indignation.

indiquer, montrer, désigner, fixer.

indirect, e, qui n'est pas direct.

indiscipliné, e, qui n'observe aucune discipline.

individu, *m.*, personne, homme indéterminé.

indulgence, *f.*, facilité a pardonner les fautes d'autrui.

ineffaçable, qui ne peut être effacé, détruit.

inextinguible, qu'on ne petit éteindre.

inextricable, très embrouillé; qui ne peut être démêlé.

infailliblement, qui ne peut manquer d'arriver.

infanterie, *f.*, nom donné aux troupes qui marchent et qui combattent à pied.

infatigable, qui ne petit être lassé.

infester, ravager, tourmenter, par des actes de brigandage, désoler.

infini, e, qui n'a pas de fin; qui est sans limites.

infirmité, *f.*, faiblesse du corps.

influence, *f.*, crédit, ascendant.

informer, avertir, instruire. **S'--**, s'enquérir.

infortune, *f.*, revers de fortune, adversité.

infortuné, e, malheureux.

ingénieux, euse, plein d'esprit, d'invention, d'adresse.

ingénument, d'une manière ingénue et naïve.

ingrat, e, qui n'a point de reconnaissance.

ingratitude, *f.*, vice de l'ingrat; action ingrate.

inhabité, e, qui n'est point habité.

ininterrompu, e, dont la continuité n'est point rompue.

injustice, *f.*, manque de justice; acte contraire à la justice.

inquiet, ète, qui ne trouve pas de repos; qui est dans l'incertitude.

inquiéter, rendre inquiet; tourmenter; troubler.

inquiétude, *f.*, agitation de l'esprit.

insatiable, qui ne peut être rassasié, satisfait.

inscription, *f.*, caractères gravés sur la pierre, *etc.*

insensé, e, qui a perdu la raison; extravagant; fou.

insensibilité, *f.*, défaut de sensibilité physique *ou* morale.

insigne, remarquable.

insomnie, *f.*, privation de sommeil.

inspirer, faire naître un sentiment, un dessein.

instant, *m.*, moment très court.

instant, e, pressant.

instruire, donner des leçons à; informer.

instrument, *m.*, outil, machine, appareil servant à produire un certain travail.

insulte, *f.*, outrage, aggression en actes *ou* en paroles, avec dessein prémédité d'offenser.

insulter, offenser par des actes *ou* des paroles.

intarissable, qui ne peut être épuisé.

intendant, *m.*, qui est chargé de régir des biens, une maison.

intenter, entreprendre, formuler devant la justice.

interdit, e, étonné, stupéfait.

intérêt, *m.*, ce qui importe à l'utilité de quelqu'un; bénéfice qu'on retire de l'argent prêté.

interlocuteur, *m.*, toute personne conversant avec une autre.

interpeller, adresser la parole pour demander quelque chose.

interpréter, expliquer.

interrogation, *f.*, question, demande.

interroger, questionner, examiner.

interrompre, rompre la continuité de; couper la parole à.

interruption, *f.*, action d'interrompre.

intervenir, prendre part volontairement; interposer son autorité.

intimement, intérieurement; profondément.

intriguer, se livrer à des intrigues.

introduire, faire entrer; faire adopter.

inutile, qui ne rend aucun service.

invalide, infirme, qui ne peut travailler; soldat incapable de servir.

inventer, imaginer le premier quelque chose de nouveau.

inventeur, *m.*, qui invente; qui découvre.

inviter, convier, prier de se trouver quelque part, d'assister à.

irlandais, e, de l'Irlande.

irrégulier, ère, qui n'est pas conforme aux règles.

irriter, mettre en colère; augmenter; causer de la douleur dans.

Isocrate, orateur athénien (436-338 av. J.-C.).

issue, *f.*, événement final; résultat.

Italie, royaume de l'Europe méridionale.

italien, enne, de l'Italie.

ivre, qui a le cerveau troublé par les fumées du vin, d'une liqueur alcoolique.

ivrogne, *m.*, qui s'enivre souvent.

J

jaloux, ouse, envieux; attaché à; désireux de.

jamais, en aucun temps; à une époque quelconque.

jambe, *f.*, membre inférieur. **A toutes --s**, très vite.

jardin, *m.*, lieu où l'on cultive des fleurs, des légumes, des arbres.

jardinier, *m.*, qui fait son état de cultiver les jardins.

jaune, qui est d'une couleur particulière entre le vert et l'orange.

je, *pro pers. de la 1ère personne.*

Jeannette, nom de femme.

jeter, lancer, pousser avec violence. **Se --**, se précipiter.

jeu, x, *m.*, divertissement; récréation. -- **d'esprit**, qui exerce la sagacité.

jeune, qui n'est guère avancé en âge.

joie, *f.*, plaisir.

joli, e, agréable à voir; piquant; amusant.

joliment, bien, beaucoup.

joue, *f.*, partie latérale du visage.

jouer, se divertir; représenter, au théâtre. -- **à**, *s'emploie en parlant des jeux.* -- **de**, *s'emploie en parlant des instruments de musique.* **Se** --, se moquer.

joueur, *m.*, qui joue.

joug, *m.*, pièce de bois qu'on place par-dessus la tête des bœufs, pour les atteler.

jouir, tirer avantage *ou* agrément.

jour, *m.*, lumière du soleil; espace de 24 heures; *pl.*, vie. **de nos --s**, dans le temps où nous vivons.

journal, aux, *m.*, publication périodique qui donne les nouvelles politiques, littéraires, *etc.*

journaliste, *m.*, qui écrit dans un journal.

journée, *f.*, la durée du jour.

joyeux, euse, gai.

judas, *m.*, petite ouverture à une porte.

juge, *m.*, magistrat chargé de rendre la justice.

jugement, *m.*, faculté de l'entendement qui compare et qui juge; décision, sentence. -- **dernier**, la fin du monde.

juif, ive, né en Judée, *ou* qui descend des habitants de ce pays.

Junon, épouse de Jupiter, fille de Saturne, déesse du mariage.

Jupiter (*ou* Zeus), le père et le maître des dieux, chez les Grecs et les Romains.

jurer, faire un serment; assurer.

jusque, aussi loin que.

juste, frappant; exacte.

justement, avec justice; précisément.

justifier: **se** --, prouver son innocence; expliquer sa conduite.

justice, *f.*, vertu qui fait que l'on rend à chacun ce qui lui appartient. **Faire -- de**, traiter quelqu'un comme il le mérite.

K

Kollin, ville de Bohème, sur l'Elbe.

L

l', *V.* **le, la**.

la, *art. f. sing., V.* **le**.

la, *pr. pers. f. sing., V.* **le**.

là, en cet endroit par opposition à **ici**. -- **bas**, à une certaine distance.

labeur, *m.*, travail pénible.

laborieusement, avec beaucoup de travail.

laborieux, euse, qui travaille beaucoup.

labourage, *m.*, art, action, manière de labourer le sol.

labourer, remuer la terre avec la charrue.

laboureur, *m.*, celui dont l'état est de labourer la terre.

lâche, qui manque de vigueur *ou* de courage.

lâcher, desserrer; laisser échapper; faire partir.

laconisme, *m.*, façon de parler laconique, concise, brève.

La Fontaine, écrivain français, auteur de Contes et de Fables (1621-1695).

laid, e, désagréable à la vue.

laideur, *f.*, état de ce qui est laid, difforme.

laisser, abandonner; ne pas emmener avec soi; permettre.

lait, *m.*, liquide blanc fourni par les vaches.

lambeau, x, *m.*, morceau de chair, d'étoffe, arraché.

lame, *f.*, morceau de métal plat et très mince.

Lamothe-Houdar (**Antoine**), littérateur et fabuliste français (1672-1731).

lance, *f.*, arme offensive à longue manche et à fer pointu.

lancer, jeter avec force; appliquer.

langue, *f.*, masse musculaire située dans la bouche; idiome d'une nation.

lapin, *m.*, petit animal du genre lièvre.

large, grand en étendue.

largement, d'une manière large; généreusement.

larme, *f.*, liquide qui sort de l'œil; goutte.

larron, *m.*, voleur.

larynx, *m.*, partie de la trachée-artère où se produit la voix; gorge.

lasser, fatiguer.

Latins, peuples originaires du Latium.

laver, nettoyer avec un liquide.

le, la, les, *art.* servant à déterminer les noms; *pr. pers.* servant à désigner les personnes et les choses.

leçon, *f.*, instruction; réprimande.

légende, *f.*, récit où l'histoire est défigurée par des traditions.

léger, ère, qui ne pèse guère; pas lourd.

léguer, donner par testament.

lendemain, *m.*, jour qui suit celui dont on parle.

lent, e, qui n'agit pas avec promptitude; qui se fait avec lenteur.

lenteur, *f.*, manque de célérité, d'activité.

Léon, nom d'homme.

les, *art. et pr. pl., V.* **le**.

lettre, *f.*, épître, missive. **Homme de --s**, qui s'occupe de la littérature.

leur, *pr. pers. de la 3me personne*; à eux, à elles. **Le --**, *pr. poss.*

lever, hausser. **Se --**, se mettre sur ses pieds.

lévrier, *m.*, chien à hautes jambes, propre à la chasse du lièvre.

libertin, e, déréglé dans sa conduite.

libre, indépendant; maître de.

Libye, (**désert de**), grand désert du N.-E. de l'Afrique, prolongement du Sahara.

licencieux, euse, déréglé, désordonné; contraire à la décence.

lien, *m.*, tout ce qui attache *ou* lie.

lier, attacher; entrer en (*conversation*). **Être lié avec**, être l'ami intime de.

lieu, x, *m.*, place, endroit. **Au -- de**, en place de. **Avoir --**, arriver, s'accomplir.

lieue, *f.*, mesure itinéraire de valeur variable.

lieutenant, *m.*, celui qui est le premier après le chef, qui le seconde et le remplace.

lièvre, *m.*, genre de petit animal qui ressemble au lapin.

ligne, *f.*, étendue en longueur; fil de crin avec hameçon au bout, pour pêcher.

ligue, *f.*, union, confédération; confédération du parti catholique, fondée par le due de Guise, en 1576, dans le but apparent de défendre la religion contre les calvinistes, mais en réalité pour renverser Henri III.

lion, lionne, le plus puissant des quadrupèdes carnassiers du genre chat.

lire, parcourir des yeux ce qui est écrit *ou* imprimé en prononçant, *ou* non, les mots.

lit, *m.*, meuble sur lequel on se couche pour reposer *ou* pour dormir.

litigant, e, qui plaide en justice.

littérature, *f.*, connaissance des ouvrages et des règles littéraires.

livre, *m.*, assemblage de feuilles de papier imprimées.

livrée, *f.*, habits distinctifs que portent les domestiques d'une grande maison.

livrer, abandonner; engager (*bataille*). **Se** --, s'adonner, se consacrer.

locataire, *m. f.*, qui prend à layer une maison, un appartement, *etc.*

location, *f.*, action de donner *ou* de prendre a louage; prix du layer.

loge, *f.*, sorte de petits cabinets rangés au pourtour d'une salle de spectacle.

logis, *m.*, maison, habitation, logement.

loi, *f.*, règle obligatoire *ou* nécessaire.

loin, à une grande distance.

Londres, capitale de l'Angleterre, sur la Tamise.

long, longue, qui a des dimensions considérables de l'une à l'autre de ses extrémités.

longtemps, pendant un long espace de temps.

longueur, *f.*, étendue d'un objet de l'une à l'autre de ses extrémités.

lord, *m.*, titre donné en Angleterre à certains membres de la noblesse.

lors, alors. -- **de**, au moment de.

lorsque, quand.

lot, *m.*, portion, provision.

louange, *f.*, discours par lequel on élève le mérite d'une personne.

louche, dont les yeux n'ont pas la même direction.

louer, donner des éloges à.

louer, donner, prêter à louage.

louis, ancienne monnaie d'or valant 24 livres, dont la fabrication commença sous Louis XIII.

loup, *m.*, genre de bête sauvage qui ressemble à un chien.

lourd, e, pesant. **Avoir la main --e**, être gauche, inepte.

lourdaud, e, personne lente et maladroite *ou* qui manque de finesse.

Louvre (palais du), ancienne résidence royale, aujourd'hui convertie en musée, à Paris.

loyer, *m.*, prix de louage d'une propriété quelconque.

lui, *pr. pers. de la 3me personne.*

lumière, *f.*, ce qui rend les objets visibles.

lune, *f.*, satellite de la terre.

lunette, *f.*, instrument optique; télescope; *pl.*, bésicles.

lutte, *f.*, combat, guerre; rivalité.

Luxembourg (François-Henri, duc de), maréchal de France, né à Paris. Il battit souvent les Hollandais et les Allemands. Célèbre pour sa rapidité d'inspiration et d'action (1628-1695).

Lyon, troisième ville de la France, à 512 kilomètres S.-E. de Paris.

M

ma, *V.* **mon**.

machinalement, d'une manière machinale.

machine, *f.*, appareil accordé pour produire certains effets.

mâchoire, *f.*, os qui supporte les dents.

maçon, *m.*, ouvrier qui fait des constructions en pierre, *etc.*

madame, *f.*, titre accordée à toute femme mariée.

mademoiselle, *f.*, titre donné aux femmes non mariées.

magistrat, *m.*, officier civil, revêtu d'une autorité judiciaire.

magnificence, *f.*, qualité de ce qui est magnifique.

magnifique, très beau.

maigreur, *f.*, état d'un corps décharné.

main, *f.*, partie du corps qui termine le bras. **En bonnes --s**, confié à une personne capable.

Maine (Louise de Bourbon, princesse de), petite-fille de Louis II, prince de Condé.

maire, *m.*, premier officier municipal.

mais, *conj.*, marquant l'opposition.

maison, *f.*, édifice où l'on habite.

maître, maîtresse, celui *ou* celle qui a le droit de commander; qui enseigne; propriétaire. -- **d'hôtel**, domestique en chef d'une grande maison, qui préside au service de la table.

majesté, *f.*, titre donné aux souverains.

mal, maux, *m.*, maladie; ce qui est contraire au bien.

mal, *adv.*, autrement qu'il ne convient. **Tant bien que** --, moitié bien moitié mal. **Pas** --, assez.

malade, qui éprouve quelque altération dans sa santé; *N. m. f.*, client (*d'un médecin*).

maladie, *f.*, altération dans la santé.

maladresse, *f.*, défaut d'adresse.

maladroit, e, qui manque d'adresse.

malgré, contre le gré de; nonobstant.

malheur, *m.*, mauvaise fortune.

malheureux, euse, triste, infortuné.

malhonnête, qui manque de probité.

malin, maligne, qui prend plaisir à dire, à faire, du mal.

maman, *f.*, mère.

manche, *f.*, partie du vêtement qui couvre le bras.

mander, faire savoir par lettre; donner ordre de venir.

manger, dévorer; mâcher et avaler.

mangeur, *m.*, qui mange.

manie, *f.*, habitude bizarre; fantaisie portée à l'extrême.

manière, *f.*, façon, méthode.

manque, *m.*, défaut, absence.

manquer, être absent; ne pas réussir.

manteau, x, *m.*, ample vêtement de dessus.

maraud, mauvais garnement.

maraude, *f.*, vol de denrées commis par des gens de guerre.

maraudeur, euse, celui *ou* celle qui se livre à la maraude.

Marc Antoine, *V.* **Antoine**.

Marceau, général français qui commanda l'armée de Sambre et Meuse (1769-1796).

marchand, e, qui fait du commerce.

marchander, tâcher d'obtenir à meilleur marché.

marchandise, *f.*, tout ce qui se vend et s'achète.

marché, *m.*, convention d'achat *ou* de vente; contrat. **Bon** --, prix modeste. **Pardessus le** --, de plus.

marcher, aller; fonctionner.

maréchal, *m.*, officier général audessus des généraux.

mari, *m.*, époux.

mariage, *m.*, union légale de l'homme et de la femme.

marié, e, personne mariée.

marier, unir par le lien conjugal.

marin, *m.*, homme employé aux service des navires.

marine, *f.*, forces navales de l'État.

marmot, otte, petit animal qui reste endormi pendant l'hiver.

marque, *f.*, empreinte, trace; signe.

marquer, mettre une marque à; indiquer.

marquis, *m.*, titre de noblesse.

Marseillais, e, habitant de Marseilles.

mascarade, *f.*, déguisement avec des masques.

masque, *f.*, faux visage, dont on se couvre la figure, pour se déguiser; personne qui la porte.

massacrer, tuer en masse des gens qui ne se défendent point.

matelot, *m.*, homme servant à la manœuvre d'un vaisseau.

matin, *m.*, les premières heures du jour.

mauvais, e, méchant; défavorable.

maxime, *f.*, proposition générale énoncée sous la forme d'un précepte.

maximum, *m.*, l'état le plus grand où une quantité variable puisse parvenir.

Mayenne (Charles de Lorraine, duc de), frère des Guises et chef de la Ligue. Il fut vaincu à Arques et à Ivry par Henri IV (1554-1611).

me, *pr. pers. de la 1ère personne du sing.*

mécontent, e, qui n'est pas content.

médecin, *m.*, celui qui exerce la médecine.

médecine, *f.*, science qui a pour but la conservation et le rétablissement de la santé; profession de médecin; remède en général.

médical, e, aux, qui concerne la médecine.

médiocre, qui est entre le grand et le petit, le bon et le mauvais.

méditation, *f.*, action de méditer; réflexion.

méfiance, *f.*, disposition à soupçonner le mal dans les autres.

méfier, manquer de confiance.

meilleur, e, comparatif de bon.

Melba, célèbre cantatrice australienne.

melon, *m.*, espèce de cucurbitacée; fruit de cette plante.

membre, *m.*, qui fait partie d'un corps.

même, identique. **À -- de**, en état de. **De** --, de la même manière.

mémoire, *f.*, faculté de rappeler les idées qu'on a déjà eues.

menacer, faire des menaces.

ménage, *m.*, mari et femme dans leur vie commune.

ménager, régler avec précaution; employer avec économie; traiter avec égards.

ménagerie, *f.*, collection d'animaux de toute espèce.

mendiant, e, qui demande l'aumône, indigent.

mener, conduire.

mensonge, *m.*, discours contraire à la vérité.

menteur, euse, qui ment.

mentionner, faire mention.

mentir, dire pour vrai ce qu'on sait être faux.

mépriser, avoir du mépris pour.

mer, *f.*, vaste amas d'eau salée qui couvre la plus grande partie du globe.

merci, pitié, grâce; remerciement.

Mercure, fils de Jupiter, messager des dieux, dieu du commerce.

mère, *f.*, femme qui a des enfants.

mériter, être digne de.

mes, *adj. poss. pl. de* **mon, ma**.

messager, *m.*, qui fait un message, une commission.

métamorphose, *f.*, changement d'un être en un autre être.

méthode, *f.*, marche raisonnée que l'on suit pour arriver à un but.

métier, *m.*, profession quelconque.

mets, *m.*, tout aliment qu'on sert à un repas.

mettre, placer; poser sur le corps comme vêtement. **Se -- à**, commencer; prendre place. **Y --**, dépenser.

meute, *f.*, nombre de chiens courants dressés pour la chasse.

Michel-Ange (Buonarroti), peintre, sculpteur, architecte et poète italien, l'un des plus grands artistes qui aient jamais existé (1475-1564).

midi, *m.*, milieu du jour; slid.

miel, *m.*, substance sucrée préparée par les abeilles.

mien, (**tien, sien**, *etc.*), *pr. poss.*, à moi, à toi, *etc.*

mieux, comparatif de **bien. De son --**, aussi bien qu'il peut.

milieu, x, *m.*, centre.

militaire, qui concerne la guerre, les soldats; *N. m.*, soldat.

mille, fix fois cent.

mine, *f.*, air du visage; expression.

ministre, *m.*, celui qui travaille à l'exécution des desseins d'un autre.

minuit, *m.*, milieu de la nuit.

minute, *f.*, soixantième partie d'une heure.

miracle, *m.*, prodige; merveille; fait surnaturel, contraire aux lois de la nature.

Mirandole, *V.* **Pic**.

misérable, malheureux, digne de pitié.

mission, *f.*, fonction donnée à un délégué d'aller faire une chose.

mode, *f.*, usage passager; manière; coutume.

modiste, *f.*, qui fait *ou* vend des articles de mode.

moi, *pr. pers. de la 1ère personne sing.*

moindre, plus petit.

moins, comparatif de **peu. Au --**, exprime une idée de restriction. **À -- que**, si ce n'est que.

mois, *m.*, chacune des douze divisions de l'année.

moitié, *f.*, une des deux parties égales d'un tout.

Molière (Jean Baptiste Poquelin, dit), auteur comique français, acteur, directeur de troupe, père de la comédie française (1622-1673).

moment, *m.*, temps fort court, instant.

mon, *adj. poss., m. sing.*; **ma**, *f. sing.*; **mes**, *pl. des deux genres.*

monarque, *m.*, chef d'une monarchie.

monde, *m.*, le globe terrestre; société; gens.

monnaie, *f.*, pièce de métal servant aux échanges.

monsieur, messieurs, *m.*, titre donné par civilité à tout homme.

monseigneur, *m.*, titre d'honneur donné aux princes, aux évêques, *etc.*

monstre, *m.*, personne tout à fait dénaturée.

mont, *m.*, grande élévation naturelle. **--s et merveilles**, chases extravagantes.

montant, *m.*, total d'un compte.

monter, aller plus haut.

montre, *f.*, petite horloge portative.

montrer, faire voir; manifester; prouver.

monture, *f.*, bête sur laquelle on monte.

moquer, se railler, ne faire aucun cas.

moquerie, *f.*, dérision.

moqueur, euse, qui marque la moquerie.

morceau, x, *m.*, partie; fragment.

mordre, blesser, entamer avec les dents.

mors, *m.*, levier de la bride qui passe dans la bouche d'un cheval et sert à le gouverner.

morsure, *f.*, plaie faite en mordant.

mort, *f.*, fin de la vie. **Mettre à --**, tuer, exécuter.

mortel, elle, sujet à la mort; qui appartient à l'homme.

mortifier, humilier.

mot, *m.*, assemblage de sons exprimant une idée, parole; expression remarquable; réponse.

motif, *m.*, raison d'agir.

mouche, *f.*, sorte d'insecte. **Prendre la --**, s'irriter.

mouiller, rendre humide; jeter l'ancre.

mourir, trépasser, cesser de vivre.

mouton, *m.*, genre d'animal élevé pour sa laine et sa chair.

mouvement, *m.*, action *ou* manière de se mouvoir.

moyen, enne, entre deux extrémités. -- **âge**, temps écoulé depuis la chute de l'empire romain (395) jusqu'à la prise de Constantinople (1453).

moyen, *m.*, ce qui sert pour parvenir à une fin. **Au -- de**, en faisant usage de.

moyennant, au moyen de; au prix de.

muet, ette, silencieux; privé de la parole.

mugissement, *m.*, cri du bœuf, de la vache.

mule, *f.*, sorte de bête domestique.

municipalité, *f.*, ville soumise à l'organisation municipale.

mur, *m.*, ouvrage de maçonnerie qui sert à faire les côtés d'une maison, *etc.*

muraille, *f.*, mur.

murmure, *m.*, bruit sourd et confus.

musicien, enne, qui sait l'art de la musique.

musique, *f.*, art de combiner les sons d'une manière agréable à l'oreille.

musulman, e, qui concerne le mahométisme; qui professe cette religion.

mutuellement, réciproquement.

mystifier, abuser de la crédulité d'une personne pour s'amuser à ses dépens.

N

nager, se soutenir et avancer sur l'eau par le mouvement de certaines parties du corps; flotter.

nain, e, qui est de très petite taille.

naissance, *f.*, venue de l'enfant à la vie.

naïvement, avec naïveté, ingénuité.

naïveté, *f.*, simplicité (*naturelle et gracieuse*).

Nantes, ville de France, sur la Loire et l'Erdre, à 397 kil. S.-0. de Paris.

Naples, ville du royaume d'Italie, sur le golfe de Naples.

Napoléon 1er (Bonaparte), empereur des Français (1769-1821).

Nasica, *V.* **Scipion**.

naturel, elle, conforme à l'ordre de la nature; *V.* **histoire**; *N. m.*, caractère.

naturellement, par une impulsion naturelle; facilement, simplement.

naufrage, *m.*, perte d'un vaisseau sur mer.

naufragé, e, qui à fait naufrage.

ne, *adv.*, de la négation. -- ... **que**, seulement.

néanmoins, pourtant.

nef, *f.*, partie d'une église qui s'étend du portail au chœur.

négligent, e, qui n'a pas les soins qu'il devrait avoir.

négliger, ne pas avoir soin de; omettre.

négociant, e, qui fait le négoce, le commerce.

négociation, *f.*, l'art *ou* l'action de mener à bonne fin les affaires.

neuf, nombre impair, qui vient immédiatement au-dessus de huit.

neuf, neuve, qui n'a pas *ou* presque pas servi.

neuvaine, *f.*, actes de dévotion auxquels on se livre pendant neuf jours.

neveu, x, *m.*, fils du frère *ou* de la sœur.

Newton (Isaac), illustre mathématicien, physicien, astronome et philosophe anglais (1642-1727).

nez, *m.*, organe de l'odorat.

ni, *conj.*, qui exprime la négation.

niais, e, simple, qui n'a aucun usage du monde.

nicher: se --, faire son nid, se loger.

nier, dire qu'une chose n'existe pas, n'est pas vrai.

nique: faire la --, signe de mépris *ou* de moquerie.

niveau, x, *m.*, état d'un plan horizontal. **Au -- de**, de même élévation. **Au -- du** sol, au rez-de-chaussée.

noble, qui fait partie de la noblesse; qui est propre à la noblesse; qui annonce de la grandeur, de l'élévation morale.

noce, *f.*, mariage et réjouissances qui l'accompagnent.

nom, *m.*, terme qui sert à désigner une personne *ou* une chose.

nombre, *m.*, rapport entre une quantité et une autre quantité prise comme terme de comparaison et qu'on appelle unité.

nombreux, euse, qui est en grand nombre.

nommé, e, appelé; *N.*, la personne qui porte le nom de.

non, particule négative qui s'oppose à l'affirmative **oui**.

nonchalance, *f.*, négligence, manque de soin.

notre, *adj. poss.*, qui nous concerne. **Nôtre**, *pr. poss.*, qui est à nous.

nourrice, *f.*, femme qui allaite un enfant qui n'est pas le sien; ce qui alimente, développe.

nourrir, servir à la nutrition; donner à manger.

nourriture, *f.*, aliments; substances dont on se nourrit.

nouveau, nouvel, elle, x, qui n'existe *ou* qui n'est connu que depuis peu de temps; récent. **De** --, encore une fois.

nouvelle, *f.*, premier avis qu'on reçoit d'une chose arrivée récemment.

nouvellement, depuis peu; récemment.

novice, peu habile, inexpérimenté.

noyer, faire périr par asphyxie dans un liquide.

nuance, *f.*, couleur; variation d'intensité d'une couleur.

nuée, *f.*, gros nuage épais; multitude.

nuisible, qui nuit, fait du mal.

nuit, *f.*, temps pendant lequel le soleil est sous l'horizon; obscurité.

nul, nulle, aucun, pas un.

O

obéissance, *f.*, action *ou* habitude d'obéir.

objet, *m.*, article; chose quelconque; intention.

obliger, imposer l'obligation de.

observer, remarquer.

obstacle, *m.*, empêchement; opposition.

obtenir, parvenir à se faire accorder ce qu'on désire.

occasion, *f.*, conjoncture favorable; circonstance; cause; sujet.

occupation, *f.*, action de s'occuper; travail, affaire dont on est occupé.

occuper: s'--, travailler, donner son temps à.

octroi, *m.*, droit que payent certaines denrées à leur entrée en ville.

oculaire, qui appartient à l'œil. **Témoin** --, qui a vu de ses propres yeux.

odieux, euse, qui excite la haine, l'indignation.

odorat, *m.*, celui des cinq sens qui reçoit les odeurs.

œil, yeux, *m.*, organe de la vue; regard; attention.

œuf, *m.*, corps organique à enveloppe dure, que pondent les femelles des oiseaux (*la poule, par ex.*).

œuvre, *f.*, résultat du travail; action (**se mettre à l'--**); ouvrages d'un écrivain, d'un artiste.

office, *m.*, ensemble des prières et des cérémonies liturgiques.

officiel, elle, nommé, déclaré, *etc.*, par une autorité reconnue.

officier, *m.*, militaire qui a un grade.

offre, *f.*, proposition.

offrir, présenter.

oiseau, x, *m.*, animal qui a des ailes et des plumes.

ombre, *f.*, obscurité produite par un corps opaque.

omnibus, *m.*, sorte de voiture publique.

on, *pr. indéf. m. sing.* désignant d'une manière vague une *ou* plusieurs personnes.

once, *f.*, seizième partie d'une livre.

oncle, *m.*, frère du père *ou* de la mère.

onde, *f.*, flot d'eau agitée.

opérer, produire un certain effet.

opinion, *f.*, avis, sentiment, jugement.

opposer: s'--, être contraire à.

opposition, *f.*, position d'une chose vis-à-vis d'une autre; empêchement, obstacle.

opulent, e, qui est dans l'abondance, la richesse.

or, cependant, maintenant.

orage, *m.*, grosse pluie de peu de durée, accompagnée de vent, d'éclairs, et de tonnerre.

orateur, *m.*, celui qui prononce un discours devant une assemblée; homme éloquent.

ordinaire, usuel. **D'--**, ordinairement.

ordinairement, habituellement.

ordonnance, *f.*, prescription d'un médecin pour le régime *ou* la médication.

ordonnateur, trice, qui ordonne.

ordonner, disposer; commander.

ordre, *m.*, commandement.

oreille, *f.*, organe de l'ouïe.

organiste, *n.*, dont la profession est de toucher de l'orgue.

orge, *f.*, genre de graminées; sa graine.

original, e, aux, qui sert de modèle et n'en a point eu; singulier; bizarre.

origine, *f.*, principe, commencement; extraction; provenance.

Orléans (Philippe II d'), régent pendant la minorité de Louis XV (1674-1723).

ornement, *m.*, tout ce qui orne.

oser, avoir le courage de.

ôter, enlever.

ou, *conj. de coordination marquant l'alternative*; autrement, en d'autres termes.

où, dans lequel, auquel, duquel, quand.

oublier, perdre le souvenir de.

oui, particule affirmative opposée à **non**.

outre: en --, de plus. **outré, e**, exagéré; indigné.

ouvert, e, contraire de **fermé**.

ouverture, *f.*, trou, entrée, sortie.

ouvrage, *m.*, travail; production littéraire.

ouvrier, ère, qui travaille manuellement pour gagner un salaire.

ouvrir, contraire de **fermer. S'-- à quelqu'un**, lui découvrir sa pensée.

P

page, *m.*, jeune noble servant dans la suite d'un prince.

pain, *m.*, aliment fait de farine.

paisiblement, d'une manière paisible; tranquillement.

paître, manger en broutant (*s'emploie en parlant des animaux*).

paix, *f.*, calme; repos; tranquillité. **Juge de** --, magistrat.

palais, *m.*, résidence somptueuse; maison magnifique.

palme, *f.*, blanche d'un palmier. **Remporter la** --, victoire dans une lutte.

pape, *m.*, chef de l'Église catholique romaine.

papier, *m.*, feuille pour écrire, *etc.*

paquet, *m.*, assemblage d'objets liés ensemble.

par, *prép.*, qui marque le lieu à travers lequel on passe, le moyen, l'agent, la cause, *etc.*

paraître, se faire voir; sembler.

parapher, marquer de son paraphe, signature abrégée.

parbleu! *interj.*, sorte de jurement qui marque l'assentiment.

parc, *m.*, enclos boisé, d'une certaine étendue, pour la promenade, la chasse, *etc.*

parce que, à cause que.

parcourir, traverser; examiner rapidement.

par-dessus, *V.* **dessus**.

pardon, *m.*, rémission d'une offense; formule de politesse; excusez-moi.

pardonner, renoncer à punir, excuser.

pareil, ille; semblable.

parent, *m.*, celui qui est de notre sang; *pl.*, le père et la mère.

paresseux, euse, qui hait l'action, le travail.

parfait, e, excellent, complet.

parfaitement, d'une manière complète; oui.

parfois, quelquefois.

parier, faire un pari, gager.

Paris, capitale de la France.

parlant, e, doué de la parole. (**Enseigne**) **--e**, très ressemblante.

parlement, *m.*, assemblée qui exerce le pouvoir législatif.

parler, prononcer des mots. **Trouver à qui** --, rencontrer quelqu'un capable de répondre.

Parmenon, nom propre (*homme*).

Parmi, au milieu de.

paroisse, *f.*, territoire sur lequel s'étend la juridiction d'un curé.

paroissien, enne, habitant d'une paroisse.

parole, *f.*, mot (*prononcé*).

part, *f.*, partie; intérêt. **Prendre -- à**, participer. **Prendre en bonne** (*ou* **mauvaise**) --, trouver bon (*ou* mal).

partage, *m.*, portion d'une chose partagée.

parterre, *m.*, jardin consacré à la culture des fleurs.

parti, *m.*, détermination.

partialité, *f.*, préférence injuste.

particularité, *f.*, circonstance particulière.

particulier, ère, qui appartient proprement à certaines personnes; *N.*, personne privée.

partie, *f.*, portion d'un tout; totalité des points qu'il faut faire pour qu'un des joueurs ait gagné *ou* perdu.

partir, s'en aller d'un lieu, se mettle en chemin.

partout, en tout lieu.

parvenir, réussir.

pas: **(Ne ...) --**, *adv. de négation.*

pas, *m.*, mouvement des pieds en marchant. **À -- de loup**, sans bruit.

passant, *m.*, personne qui passe.

passer, traverser; aller d'un lieu à un autre. -- **son doctorat**, être promu au degré de docteur. -- **sous silence**, ne pas parler de. **Se -- de**, savoir se priver de.

passion, *f.*, souffrance; série de tourments (*comme, par ex:* **la -- de Jésus-Christ**); agitation de l'âme; désir très vif.

pasteur, *m.*, ministre d'un culte religieux.

pataquès, *m.*, faute de prononciation.

patience, *f.*, vertu qui fait supporter les maux avec résignation. --**!** attendons!

patrimoine, *m.*, bien qui revient du père *ou* de la mère.

patriotique, qui appartient au patriote; qui exprime le patriotisme.

patron, *m.* chef d'une entreprise commerciale.

pauvre, indigent, malheureux.

pauvresse, *f.*, mendiante.

paver, couvrir de blocs de pierre, de bois, *etc.*, le sol d'une rue, d'une cour.

paye, *f.*, solde *ou* salaire.

payer, remettre ce qui est dû à *ou* pour.

pays, *m.*, territoire, région; lieu de naissance.

paysan, anne, homme *ou* femme de la campagne; campagnard(e).

peau, x, *f.*, enveloppe extérieure du corps.

pêche, *f.*, action de pêcher.

pêcher, prendre du poisson.

pêcheur, euse, qui fait profession de pêcher.

pécuniaire, qui a rapport à l'argent.

peine, *f.*, punition; souffrance; difficulté. **À** --, presque pas.

peindre, représenter par des lignes, des couleurs; dessiner.

peintre, *m.*, qui exerce l'art de peindre.

peinture, *f.*, art de peindre; tableau peint.

Péliopidas, général thébain (mort en 364 av. J.-C.).

pendant, durant.

pendre, faire mourir par la pendaison.

pendule, *f.*, instrument destiné à marquer les heures.

pénétrer, entrer.

pénible, qui fait de la peine; difficile.

pensée, *f.*, idée; esprit; imagination.

penser, former l'idée d'une chose, avoir dans l'esprit; croire; raisonner.

penseur, *m.*, qui a des idées philosophiques profondes.

pensif, ive, profondément occupé d'une pensée.

pension, *f.*, ce que l'on paye pour être logé, nourri, *etc.*; revenu annuel accordé aux services, aux talents, *etc.*

percer, faire un trou dans; pénétrer.

perdre, être privé d'une chose. **Se** --, s'égarer.

père, *m.*, celui qui a des enfants.

perfectionner, rendre plus parfait.

perfide, qui manque à sa parole, qui trahit.

périphrase, *f.*, expression composée de plusieurs mots, employée au lieu d'un seul.

péril, *m.*, danger, risque.

périlleux, euse, dangereux.

période, *f.*, temps.

périr, mourir de mort violente.

permettre, donner la liberté, le pouvoir, le moyen de faire.

permission, *f.*, autorisation.

perpétuer, faire durer toujours *ou* longtemps.

perruque, *f.*, coiffure de faux cheveux.

Perse, royaume du S.-O. de l'Asie.

personnage, *m.*, personne illustre; personne quelconque au point de vue de sa valeur morale.

personne, *f.*, individu; quelqu'un; aucun; nul.

persuader, porter quelqu'un à croire, le décider à faire.

perte, *f.*, privation de ce dont on jouissait; dommage.

peser, déterminer le poids de; avoir un certain poids.

petit, e, de peu de volume; pas grand.

peu, pas beaucoup. **Attendre un --**, attendre quelque temps.

peuple, *m.*, race, nation; multitude d'hommes.

peur, *f.*, crainte.

peut-être, *adv.*, qui marque la possibilité.

phénix, *m.*, oiseau fabuleux; personne supérieure, unique dans son genre.

philanthropique, qui a rapport à l'amour de l'humanité.

Philistins, ancien peuple de l'Asie.

philosophe, *m.*, celui qui étudie la philosophie.

philosophie, *f.*, science générale des êtres, des principes et des causes.

philosophique, qui appartient à la philosophie.

photographe, *m.*, qui fait de la photographie.

photographie, *f.*, reproduction d'une image sur une plaque à l'aide d'une chambre noire.

phrase, *f.*, assemblage de mots représentant un sens complet.

phrygien, enne, de la Phrygie.

physique, matériel.

Pic de la Mirandole, savant Italien (1463-1494).

pièce, *f.*, morceau; monnaie. **Mettre en --s**, rompre, déchirer.

pied, *m.*, extrémité de la jambe; mesure de longueur. **À --**, pédestrement.

piège, *m.*, amorce, embûche.

pierre, *f.*, masse minérale dure et solide.

pilier, *m.*, colonne servant de support.

pilori, *m.*, appareil où l'on exposait publiquement les condamnés.

pinceau, x, *m.*, instrument dont on se sert pour peindre.

piquer, percer avec une pointe. **Se** --, avoir des prétentions à.

pire, plus mauvais.

Piron, poète français, auteur de satires, de chansons, *etc.* (1689-1773).

pis, plus mal.

piste, *f.*, trace que laisse l'être qui marche.

piteux, euse, fâcheux; digne de compassion.

pitié, *f.*, compassion; merci.

placarder, afficher, mettle des placards.

place, *f.*, espace, endroit; emploi; rang; endroit public découvert et environné de bâtiments.

placer, mettre; poser.

plagiaire, *m.*, auteur qui donne comme sien ce qu'il a pillé chez autrui.

plaider, contester en justice.

plaideur, euse, qui plaide.

plaie, *f.*, blessure.

plaignant, e, qui se plaint en justice.

plaindre, témoigner de la compassion. **Se** --, se lamenter; former une plainte en justice.

plaine, *f.*, étendue de pays plat.

plainte, *f.*, gémissement; lamentation. **Porter** --, faire une déclaration en justice du sujet que l'on a de se plaindre.

plaire, être agréable. **Se -- pour**, prendre plaisir à.

plaisant, e, agréable; qui fait rire. **Faire le** --, chercher à faire rire.

plaisanterie, *f.*, chose dite *ou* faite pour amuser.

plaisir, *m.*, joie, contentement; divertissement; volonté.

planche, *f.*, pièce de bois longue et peu épaisse.

plancher, *m.*, assemblage de planches supporté par des solives.

plat, *m.*, pièce de vaisselle de table *ou* son contenu.

plat, e, dont la superficie est unie.

plâtre, *m.*, pierre calcaire, cuite et réduite en poudre.

plein, e, tout à fait rempli; abondant en.

pleurer, répandre des larmes.

pleuvoir, se dit de l'eau qui tombe du ciel.

plonger, enfoncer; faire pénétrer; ensevelir.

plongeur, euse, qui plonge; habile à plonger.

pluie, *f.*, eau qui tombe de l'atmosphère.

plume, *f.*, morceau de métal dont on se sert pour écrire.

plus, à un degré supérieur. **De -- en --**, avec progrès. **D'autant** --, à plus forte raison.

plusieurs, un nombre indéterminé; divers; *V.* **reprises**.

Pluton, roi des enfers et dieu des morts.

plutôt, préférablement.

poche, *f.*, petit sac attaché à un habit.

poêle, *f.*, plat de cuisine, en fer, et muni d'une longue queue; pour frire, fricasser.

poète, *m.*, celui qui écrit en vers *ou* qui a l'imagination poétique.

poids, *m.*, pesanteur; ce qui oppresse.

poignet, *m.*, partie du bras qui joint la main à l'avant-bras.

point: **ne** ... --, pas, nullement.

point, *m.*, endroit; signe de ponctuation (.), d'interrogation (?). **Sur le** --, près. **À** --, à propos, comme il faut.

poire, *f.*, fruit du poirier.

poison, *m.*, toute substance qui détruit les fonctions vitales.

poisson, *m.*, animal aquatique.

poitrine, *f.*, partie du corps qui renferme le cœur, *etc.*

poitrinaire, phtisique; qui a une maladie de poitrine.

poli, e, lisse et luisant; qui a de la politesse.

policer, établir des lois sages dans un pays.

politesse, *f.*, maniere d'agir *ou* de parler civile et honnête.

politique, qui s'occupe des affaires de l'État.

pomme, *f.*, fruit dont on fait le cidre.

pont, *m.*, construction faisant communiquer deux points séparés par un cours d'eau.

Pontélima, nom de famille.

Pope (Alexandre), poète et philosophe anglais (1688-1744).

populariser, vulgariser; imposer à la faveur du peuple.

porc, *m.*, cochon; sa chair.

port, *m.*, retrait d'une côte maritime offrant aux vaisseaux un abri; ville bâtie auprès.

port, *m.*, prix payé pour faire porter; affranchissement.

porte, *f.*, ouverture pour entrer dans une maison, ville, *etc.*

portée, *f.*: **à sa** --, où sa main peut le saisir.

porter, soutenir; transporter d'un lieu dans un autre; avoir sur soi. -- **à croire**, faire croire. -- **une décision**, rendre une décision.

porteur, euse, qui porte.

portrait, *m.*, image d'une personne reproduite par la peinture, le dessin, la photographie, *etc.*

Portugal, pays situé à l'ouest de l'Espagne.

posada, *f.*, auberge, en Espagne.

poser, placer, mettle.

posséder, avoir en sa possession.

possession, *f.*, jouissance actuelle d'un bien; chose possédée.

possible, qui peut être, peut se faire. **Faire son** --, ce que l'on peut.

poste, *m.*, lieu où l'on est placé par ordre.

post-scriptum, *m.*, ce qu'on ajoute quelquefois à une lettre.

posture, *f.*, attitude; situation.

pot, *m.*, vase de terre *ou* de métal.

pouce, *m.*, le plus gros et plus court des doigts de la main; mesure de longueur, la 12e partie d'un pied.

poule, *f.*, femelle du coq.

poulet, *m.*, petit d'une poule.

pouls, *m.*, battement des artères; poignet.

pour, afin de; en faveur de; destiné à; pendant; quant à. -- **que**, afin que.

pourpoint, *m.*, vêtement d'homme du moyen âge, qui couvrait le corps du cou à la ceinture.

pourpre, couleur rouge; riche étoffe rouge.

pourquoi, pour quelle raison.

poursuivre, courir après; continuer.

pourtant, cependant.

pourvoir, munir, garnir.

pousser, faire avancer; développer; exhaler.

poussière, *f.*, poudre très fine.

poussiéreux, euse, rempli *ou* couvert de poussière.

pouvoir, *m.*, faculté de faire une chose.

pouvoir, avoir la faculté, le moyen *ou* l'autorité, être en état de.

praticien, enne, personne qui exerce son art; personne expérimentée.

pratique, utile.

pratique, *f.*, chaland, acheteur.

pratiquer, mettre en pratique, faire exécuter.

pré, *m.*, petite prairie.

précaution, *f.*, ce qu'on fait par prévoyance pour éviter un mal.

précédent, e, qui est immédiatement avant une autre chose du même genre; *N. m.*, exemple antérieur.

prêcher, annoncer sous forme de sermon.

précipiter, jeter d'un lieu élevé; hâter, accélérer. **Se** --, s'élancer.

précisément, exactement.

précocité, *f.*, état de ce qui est mûr avant la saison, formé avant l'âge.

prédicateur, *m.*, personne qui prêche.

prédiction, *f.*, action de prédire; chose prédite.

prédire, annoncer d'avance ce qui doit arriver.

premier, ère, qui précède tous les autres. **Au** --, au premier étage.

prendre, saisir; gagner; réussir; s'emparer de; faire prisonnier. -- **le chemin de**, se diriger vers. **S'y** --, agir.

préoccuper, absorber l'esprit.

préparer, apprêter; disposer d'avance; mettre en état.

prépondérant, e, très important.

préposé, e, personne chargée d'un service special.

préposer, établir avec autorité.

près, à peu de distance de. **À peu --**, presque.

prescrire, ordonner, commander.

présence, *f.*, fait pour une personne *ou* une chose de se trouver dans un lieu marqué.

présent, e, qui est dans le lieu dont on parle. **À --**, maintenant.

présenter, offrir, donner. **Se --**, apparaître.

président, e, chef d'une assemblée, d'un état républicain, d'un tribunal, *etc.*

presque, à peu près, pas tout à fait.

pressant, e, qui insiste; urgent.

presser, poursuivre sans relâche.

prestidigitateur, *m.*, celui qui produit des illusions par l'adresse des mains.

prêt, e, dispose, en état, décidé.

prétendre, vouloir; soutenir, affirmer; aspirer.

prêter, donner à condition qu'on rende.

prétexte, *f.*, raison apparente dont on se sert pour cacher le véritable motif.

preuve, *f.*, ce qui démontre, établit la vérité d'une chose.

prévenir, arriver, agir avant; détourner; informer, avertir.

prévention, *f.*, opinion qui précède tout examen.

prévenu, e, influencé; *N.*, accusé.

prévoir, voir, savoir d'avance.

prier, demander avec instance; inviter; supplier, conjurer.

prière, *f.*, supplication adressée à la Divinité; demande.

prince, *m.*, celui qui possède une souveraineté *ou* qui appartient à une famille souveraine; roi; monarque.

princesse, *f.*, fille *ou* femme d'un prince; souveraine.

principal, e, aux, le plus important.

principalement, surtout.

principe, *m.*, loi; manière de voir.

prise, *f.*, action de s'emparer; facilité de saisir.

prison, *f.*, lieu où l'on enferme les criminels, les accusés.

prisonnier, ère, qui est détenu en prison; pris à la guerre.

priver, ôter *ou* refuser à quelqu'un ce qu'il possédait *ou* ce qu'il désire.

prix, *m.*, valeur d'une chose. **De grand** --, très riche.

probité, *f.*, observation rigoureuse des devoirs de la justice et de la morale.

problème, *m.*, question à résoudre par des procédés scientifiques; chose difficile à expliquer.

procédé, *m.*, manière d'agir.

procès, *m.*, instance devant la justice. **Perdre le** --, être battu.

prochain, e, qui est à une faible distance; voisin.

proche, près.

proclamation, *f.*, publication solennelle; action de proclamer.

procurer, faire obtenir.

prodige, *m.*, miracle.

prodigieux, euse, merveilleux.

produire, engendrer, faire montrer; faire.

proférer, prononcer, articuler.

professeur, *m.*, qui enseigne une science, un art.

profession, *f.*, état, métier, emploi.

profit, *m.*, gain, bénéfice, avantage, utilité.

profond, e, dont le fond est éloigné du bord; qui pénètre fort avant; extrême dans son genre; difficile à pénétrer.

profondément, à une grande profondeur; à fond, à un haut degré.

programme, *m.*, ce qu'on se propose de faire.

proie, *f.*, victime. **En -- à**, tourmenté par.

projectile, *m.*, tout corps lancé avec force.

projet, *m.*, dessein, entreprise.

promener, conduire çà et là. **Se** --, aller à pied, en voiture, *etc.*, pour faire un exercice agréable.

promesse, *f.*, assurance donnée de faire une chose.

promettre, s'engager à faire, à donner.

promptement, d'une manière prompte.

prononciation, *f.*, action de prononcer; articulation des lettres, des mots, *etc.*

propager, multiplier par voie de reproduction.

prophète, prophétesse, qui prédit par inspiration divine, *ou* qui annonce l'avenir par voie de conjecture.

propos, *m.*, discours. **À** --, opportunément. **À tout** --, à chaque instant.

proposer, mettre en avant; offrir au choix; donner; demander.

proposition, *f.*, chose proposée; demande; offre.

propre, qui est de la personne *ou* de la chose même.

propriétaire, *m.*, personne à qui une chose appartient.

proroger, suspendre et fixer à une date ultérieure les séances de; prolonger le temps accordé pour faire une chose.

protection, action de protéger.

prouver, établir de façon indéniable la vérité de; témoigner; fournir des preuves de.

proverbe, *m.*, maxime exprimée en peu de mots et devenue populaire.

proverbial, e, aux, qui tient du proverbe.

province, *f.*, toute la France en dehors de la capitale.

provincial, e, aux, habitant de la province.

provision, *f.*, amas de choses nécessaires *ou* utiles; action de pourvoir à.

provoquer, inciter; défier.

prudent, e, qui a de la prudence; conforme à la prudence.

public, ique, qui concerne tout un peuple; commun.

public, *m.*, nombre de personnes réunies.

publier, rendre public; imprimer pour la vente.

puis, ensuite, après.

puisque, comme, attendu que, par la raison que.

puissant, e, qui a beaucoup de pouvoir.

purgatoire, *m.*, lieu de supplice où les âmes des justes incomplètement purifiées achèvent de purger leurs fautes.

pureté, *f.*, qualité de ce qui est pur.

Pyrrhus, roi d'Épire, célèbre par ses luttes contre les Romains.

pythonisse, *f.*, femme douée du don de prophétie.

Q

qualification, *f.*, attribution d'une qualité, d'un titre.

qualité, *f.*, propriété; excellence en quelque chose; talent, disposition heureuse.

quand, à quelle époque; lorsque; quoique.

quantité, *f.*, qualité de ce qui peut être nombré *ou* mesuré.

quarante, quatre fois dix.

quart, quatrième partie.

quartier, *m.*, quatrième partie; portion; région d'une ville; lieu occupé par des troupes; phase de la lune.

quatorze, deux fois sept.

quatre-vingt-douze, cent moins huit.

quatre yeux: entre --, en tête-à-tête.

quatrième, *adj., num. ord.*, de quatre.

que, *pr. rel.*, lequel, *etc.; pr. interrog.*, quelle chose.

que, *conj.*, qui sert à réunir deux membres de phrase. **Ne** ... --, seulement.

quelque, *adv.*, n'importe lequel.

quelquefois, en certaines occasions; parfois.

quelques, plusieurs.

querelle, *f.*, dispute, fixe, démêlé, débat, différend.

question, *f.*: **en** -- (**dont il est** --), dont on parle.

queue, *f.*, prolongement de l'épine dorsale chez les quadrupèdes.

qui, *pr. rel. et interrog.*, lequel; quelle personne?

quiconque, toute personne qui.

quitter, se séparer de; partir de.

quoi, *pro rel. et interrog.*, quelle chose. **Il n'y a pas de** --, formule de politesse par laquelle on agrée un remerciement.

quoi qu'il en soit, en tout état des choses.

R

rabattre, retrancher du prix d'une chose.

Rabelais (**François**), écrivain français, auteur de "Gargantua" et de "Pantagruel" (mort en 1553).

Racine (**Jean**), célèbre poète tragique français, rival de Corneille (1639-1699).

raconter, faire un récit; narrer.

raide, rigide. -- **mort**, mort tout d'un coup.

raison, *f.*, faculté de connaître et de juger; cause. **Avoir** --, être fondé dans ce qu'on dit.

raisonnable, conforme à la raison.

ramasser, prendre ce qui est à terre.

ramener, faire revenir avec soi.

rampe, *f.*, balustrade, à hauteur d'appui.

rancune, *f.*, ressentiment qu'on garde d'une offense.

rang, *m.*, place qui convient à chaque personne parmi plusieurs.

ranger, mettre en rang dans un certain ordre; soumettre avec contrainte.

rapide, qui va vite.

rapidement, vite.

rappeler, faire revenir.

rapport, *m.*, récit, compte rendu; conformité, relation.

rapporter, faire le récit de; redire par indiscrétion *ou* par malice.

rapprocher, approcher de plus près.

rare, qui n'est pas commun.

rarement, peu souvent.

raser, couper ras le poil.

rassembler, réunir; mettre ensemble.

rassurer, rendre la confiance à quelqu'un.

ratification, *f.*, confirmation en forme authentique de ce qui a été fait *ou* promis.

rattacher: **se** --, dépendre.

rattraper, ressaisir; rejoindre en route.

ravage, *m.*, dommage; dégât.

ravager, faire du ravage dans.

ravir, enlever de force; charmer.

ravisseur, euse, qui ravit, enlève avec violence; voleur.

rayer, effacer.

réal, réaux, *m.*, petite monnaie d'Espagne, valant 25 centimes.

réaliser, rendre réel et effectif.

recette, *f.*, ce qui est reçu; formule, procédé dont on fait usage dans l'économie domestique.

recevoir, accepter, prendre, admettre.

recherche, *f.*, action de chercher.

récidiver, recommencer; commettre de nouveau un crime, un délit.

récit, *m.*, narration d'un fait.

réclamation, *f.*, action de réclamer.

réclame, *f.*, tout appel à la publicité par voie d'affiches, *etc.*

réclamer, demander avec instance, implorer, revendiquer.

recommendation, *f.*, action de recommander quelqu'un; avis, conseil.

recommander, charger quelqu'un de faire une chose; exhorter.

récompense, *f.*, compensation.

récompenser, dédommager; accorder une récompense.

réconcilier, accorder, raccommoder, rétablir l'accord entre.

reconnaissance, *f.*, souvenir, gratitude d'un bien reçu.

reconnaître, savoir qu'une personne *ou* une chose est la même; se montrer reconnaissant de; comprendre.

recoucher, mettre de nouveau au lit.

recourber, courber en rond; replier.

recourir, avoir recours.

recours, *m.*, action de chercher secours.

recteur, *m.*, qui dirige.

reculer, se retirer en arrière.

rédaction, *f.*, action de rédiger.

redire, répéter. **Trouver à --**, faire des objections.

redoubler, augmenter.

redoutable, fort à craindre.

redouter, craindre.

redresser, rendre droit; réparer. **Se --**, se remettre droit, se relever.

réduction, *f.*, action de réduire.

réduire, rendre moindre; faire tomber dans un état fâcheux *ou* miserable.

réfléchir, méditer en soi-même.

réflexion, *f.*, action de réfléchir.

refuser, ne pas accepter une chose offerte; ne pas accorder ce qui est demandé.

régaler, donner un régal; procurer quelque plaisir.

regard, *m.*: **à ses --s**, devant ses yeux.

regarder, jeter la vue sur. -- **comme**, tenir pour. **Cela ne me regarde pas**, ce n'est pas mon affaire.

régence, *f.*, fonction de celui qui gouverne un État pendant l'absence, la maladie *ou* la minorité d'un autre.

régiment, *m.*, corps militaire composé de plusieurs bataillons *ou* escadrons.

règle, *f.*, principe; loi; modèle; exemple.

régler, mettre en ordre; déterminer.

règne, *m.*, gouvernement d'un souverain.

régner, gouverner un État comme chef suprême; dominer.

regret, *m.*, déplaisir, repentir. **À** --, avec repugnance.

regretter, être affligé de ne plus avoir *ou* de ne pas avoir; être affligé d'avoir fait *ou* de ne pas avoir fait une chose.

Régulus, consul en 267 et en 256 av. J.-C.

reine, *f.*, femme d'un roi; princesse qui possède un royaume.

rejeter, repousser; ne pas admettre.

réjouir, donner de la joie. **Se** --, se divertir.

remarier, marier de nouveau.

rembourser, rendre l'argent déboursé.

Rembrandt, illustre peintre de l'école hollandaise (1606-1669).

remercier, rendre grâce; dire merci.

remerciement, *m.*, paroles par lesquelles on remercie.

remettre, rendre; replacer. **S'en** --, se rapporter à.

remonte, *f.*: **officier de** --, qui est chargé de fournir aux troupes les chevaux dont ils ont besoin.

remonter, monter de nouveau.

remplacer, mettre à la place de; prendre la place de.

remplir, rendre plein. -- **mieux**, être plus fidèle à.

rencontre, *f.*, hasard par lequel on trouve fortuitement une personne, une chose.

rencontrer, trouver par rencontre sur son chemin.

rendez-vous, *m.*, convention que font plusieurs personnes de se trouver à la même heure en un même lieu.

rendre, redonner; faire. **Se** --, aller; se soumettre.

rêne, *f.*, courroie fixée au mors du cheval et que le cavalier tient à la main pour guider sa monture.

renom, *m.*, célébrité, réputation.

renoncer, ne plus s'attacher à; renier.

renouvellement, *m.*, rétablissement, recommencement.

renseigner, informer.

rente, *f.*, revenu annuel.

rentrer, entrer de nouveau; revenir à la maison.

renverser, faire tomber par terre.

renvoyer, envoyer d'où l'on vient; congédier.

répandre, verser, laisser tomber; étendre au loin; propager.

réparation, *f.*, action de réparer; restitution.

réparer, refaire; corriger; améliorer.

repartie, *f.*, réponse.

repartir, partir de nouveau; répondre.

repas, *m.*, nourriture que l'on prend chaque jour à de certaines heures réglées.

repasser, répéter par cœur, pour fixer dans la mémoire.

repentir, avoir un véritable regret.

répéter, dire ce qu'on a déjà dit.

repli, *m.*, ondulation.

répliquer, faire une réplique; répondre.

répondre, faire une réponse.

réponse, *f.*, ce qu'on répond à une question.

reposer: **se** --, cesser de travailler; reprendre du calme.

repousser, rejeter, ne pas accepter.

reprendre, s'emparer de nouveau; recommencer.

représentant, *m.*, celui qui a mandat de représenter une autre personne.

représenter, faire remarquer; peindre; prendre la place de.

reprise, *f.*, action de reprendre. **À plusieurs --s**, plusieurs fois.

réputation, *f.*, opinion publique favorable *ou* défavorable.

requérir, demander en justice; sommer une personne de faire quelque chose.

requin, *m.*, squale (*grand poisson de mer*).

réserve, *f.*: **mettre en** --, mettre à part, à côté.

résolution, *f.*, décision.

résoudre, trouver la solution de.

respect, *m.*, vénération; déférence.

respectueux, euse, qui marque du respect.

ressouvenir, se souvenir après avoir oublié. **Le faire** --, lui rappeler.

restauration, *f.*, rétablissement (*sur le trône*).

reste, *m.*, ce qui reste. **Au** --, au surplus, d'ailleurs.

rester, demeurer, durer.

restituer, rendre ce qui a été pris *ou* ce qui est possédé indûment.

résultat, *m.*, ce qui résulte d'une action, *etc.*

résulter, être la conséquence logique de.

rétablir, établir de nouveau. **Se** --, guérir.

rétablissement, *m.*, action de rétablir; retour à la santé.

retard, *m.*, fait d'arriver trop tard; délai.

retentir, rendre un son éclatant.

retirer, tirer a soi; porter en arrière. **Se** --, s'éloigner.

retour, *m.*, action de revenir. **Être de** --, être revenu.

retourner, aller de nouveau; se remettre; regarder derrière soi. **De quoi il retourne**, se qui se passe.

retrouver, trouver une chose perdue *ou* oubliée; retourner vers quelqu'un.

réunion, *f.*: action de réunir.

réunir, rapprocher, rejoindre ce qui était séparé.

réussir, avoir du succès; parvenir.

revanche, *f.*: **en** --, par compensation; par contre.

rêve, *m.*, ensemble d'idées qui se présentent à l'esprit pendant le sommeil; songe.

réveil, *m.*, action de cesser de dormir.

revenir, retourner.

revenu, *m.*, ce que rapporte un capital; profit.

rêver, songer; faire des rêves.

revêtir, se couvrir de.

revoir, action de se voir de nouveau. **Au** --, adieu jusqu'au revoir.

revue, *f.*, examen détaillé; titre de certains écrits périodiques.

rez-de-chaussée, *m.*, la partie d'une maison au niveau du sol.

riche, qui possède de grands biens.

richesse, *f.*, abondance de biens; opulence.

rideau, x, *m.*, grand toile qu'on lève *ou* qu'on abaisse pour découvrir *ou* cacher aux spectateurs la scène d'un théâtre.

ridicule, digne de risée; qui fait rire.

rien, quelque chose. **Ne** ... --, aucune chose.

riposter, répondre vivement.

rire, marquer de la gaieté par un mouvement des lèvres et souvent avec bruit.

rire, *m.*, action de rire.

rival, e, aux, qui aspire aux mêmes avantages qu'un autre.

rivalité, *f.*, concurrence de personnes qui prétendent à la même chose.

rivière, *f.*, grand cours d'eau.

robe, *f.*, vêtement à manches, long et flottant, que portent les femmes.

Robespierre (**Maximilien de**), avocat et conventionnel; joua un grand rôle dans la Révolution Française (1758-1794).

roi, *m.*, souverain d'un royaume.

rôle, *m.*: **à tour de** --, chacun son tour. **Jouer un** --, représenter, faire un personnage sur le théâtre.

romain, e, de l'ancienne Rome.

romancier, ère, auteur de romans.

Rome, capitale de l'Italie.

ronde, *f.*: **à la** --, alentour.

Rosbach, village de Saxe.

rosse, *f.*, cheval sans force.

rôtir, faire cuire à sec, à la broche *ou* sur le gril.

rouge, qui est de la couleur du sang.

rougir, rendre *ou* devenir rouge.

rougissant, e, qui devient rouge.

router, plier en rouleau. **La conversation route sur cela**, cela en est le sujet.

route, *f.*, voie de terre pratiquée pour aller d'un lieu à un autre; direction qu'on suit pour aller d'un lieu à un autre.

royal, e, aux, qui appartient, qui se rapporte, à un roi; souverain.

royaume, *m.*, état gouverné par un roi.

Rubens, peintre flamand (1577-1640).

rue, *f.*, chemin bordé de maisons, dans les villes, *etc.*

rugir, pousser des rugissements.

rugissement, *m.*, cri du lion *ou* semblable à celui du lion.

ruisseau, x, *m.*, cours d'eau peu considérable.

ruse, *f.*, finesse, artifice dont on se sert pour tromper.

rusé, e, fin, adroit.

Russe, habitant de la Russie.

rustre, paysan, campagnard.

S

s', *V.* **si, se.**

sa, *adj. poss.*, *V.* **son**.

sabre, *m.*, sorte d'épée qui ne tranche que d'un côté.

sac, *m.*, espèce de poche ouverte par le haut.

sachant, *V.* **savoir**.

sachet, *m.*, petit sac.

sacristain, celui qui a soin de la sacristie d'une église.

sage, savant; prudent; obéissant; chaste.

sain, e, qui a une constitution non viciée d'éléments morbides. -- **et sauf**, sans avoir éprouvé aucun mal.

saillie, *f.*, élan; éminence; boutade; trait d'esprit brillant et imprévu.

Saint-Malo, ville au N.-0. de la France.

Saint-Paul (église de), célèbre église à Londres.

Saint-Simon (Louis de Rouvroy, duc de), écrivain français, grand seigneur de la cour de Louis XIV auteur de “Mémoires” célèbres (1675-1755).

saisir, prendre vivement et avec Vigueur.

saison, *f.*, division de l’année.

sale, malpropre; souillé.

salle, *f.*, grande pièce d’un appartement. -- **de jeu**, où l’on joue aux cartes. -- **à manger**, où l’on prend ses repas.

salon, *m.*, pièce destinée à recevoir les visiteurs.

saluer, donner une marque de civilité.

salut, *m.*, expression qui équivaut à **bonjour**.

Samson, juge des Hébreux, célèbre pour sa force.

sanctionner, donner la sanction; approuver.

sang, *m.*, liquide rouge qui circule dans les veines.

sang-froid, *m.*, présence d’esprit.

sanglant, e, taché de sang.

sanglot, *m.*, soupir poussé d’une voix entrecoupée.

sans, *prép.*, qui marque privation, absence. -- **que**, et il n’arrive pas que.

santé, *f.*, état du corps.

satire, *f.*, discours *ou* écrit piquant *ou* médisant.

satirique, qui appartient à la satire.

satisfaire, rendre content.

satisfait, e, content; assouvi; rempli.

sauce, *f.*, assaisonnement liquide où il entre du sel, des épices, *etc.*

sauf, sauve, sauvé d’un péril; *V.* **sain**.

sauter, s’élever de terre; voler en éclats.

sauvage, barbare; qui n’est point civilisé.

sauver, tirer du péril.

sauveur, *m.*, celui qui sauve; libérateur.

savante, e, qui a des connaissances étendues.

Savoie, région au S.-E. de la France.

savoir, avail appris; connaître; pouvoir. **À** --, *loc. conj.*, qui marque énumération.

savoir-vivre, *m.*, connaissance des usages du monde.

Savoyard, e, de la Savoie; ramoneur; petit enfant qui cire les chaussures.

Sceaux, ville à 10 kilo S. de Paris.

science, *f.*, connaissance exacte et raisonnée de certaines choses déterminées.

Scipion Nasica, ennemi implacable de Tibérius Gracchus.

scène, *f.*, lieu où se passe une action; l'action elle-même.

Scythes, anciens peuples barbares du N.-E. de l'Europe et du N.-O. de l'Asie.

se, *pr. de la 3me personne.*

séance, *f.*, réunion de personnes pour délibérer *ou* pour voir.

séant, *m.*, posture d'un homme assis dans son lit.

sécher, rendre sec.

sécheresse, *f.*, disposition de l'air et du temps quand il fait trop sec.

second, e, deuxième.

seconder, prêter sa collaboration à.

secouer, agiter fortement et à plusieurs reprises.

secourir, aider, assister.

secours, *m.*, assistance, aide.

secousse, *f.*, agitation; ébranlement.

secrétaire, *m.*, celui dont l'occupation est d'écrire des lettres, *etc.*, pour la personne à laquelle il est attaché.

sécurité, *f.*, sûreté, confiance, tranquillité d'esprit.

seigneur, *m.*, personne noble, de haut rang.

seize, deux fois huit.

séjour, *m.*, fait de rester plus ou mains longtemps dans un lieu.

séjourner, faire un séjour, rester.

sel, *m.*, substance dure, sèche, soluble, et d'un goût acre, employée comme assaisonnement.

selon, suivant (*l'opinion de*).

semaine, *f.*, période de sept jours.

semblant, *m.*, apparence.

sembler, paraître; avail l'air.

semelle, *f.*, ensemble des pièces qui forment le dessous d'une chaussure.

semonce, *f.*, réprimande.

sénat, *m.*, nom donné à la première des deux chambres législatives.

sens, *m.*, signification.

sensibilité, *f.*, faculté de sentir vivement.

sensible, impressionnable.

sentence, *f.*, maxime; jugement, décision.

sentiment, *m.*, ce qu'on sent.

sentinelle, *f.*, soldat placé en faction pour faire le guet.

sentir, éprouve une sensation; comprendre.

seoir, être convenable.

séparer, éloigner l'un de l'autre.

sept, huit mains un.

sérieux, euse, exempt de frivolité; sincère.

serpent, *m.*, reptile sans pieds.

serrer, étreindre, presser.

servante, *f.*, femme *ou* fille à gages; employée aux travaux du ménage.

service, *m.*, action de servir; ouvrage; assistance, célébration solennelle.

servir, être au service de. **Se -- de**, faire usage de.

seuil, *m.*, le pas d'une porte.

seul, e, isolé; à l'exclusion de tout autre.

seulement, rien de plus; pas davantage.

sévère, rigoureux, sans indulgence; grave, austère.

sévir, punir avec rigueur; exercer des ravages.

sexe, *m.*, différence physique et constitutive entre l'homme et la femme; ensemble des personnes qui ont le même sexe.

Sganarelle, personnage d'une pièce de Molière.

si, *conj.*, en cas que, pourvu que, supposé que.

si, *adv.*, tenement; aussi.

Siam, vaste État de l'Indo-Chine.

Sicile, grande île de la Méditerranée.

siècle, *m.*, période de cent ans.

siège, *m.*, opérations d'une armée devant une ville pour s'en emparer.

sien, sienne, *pr. poss.*, à lui. **Les --s**, sa famille.

siffler, produire un son aigu, soit avec la bouche, soit avec un instrument.

sifflet, *m.*, petit instrument avec lequel on siffle.

signal, *m.*, signe convenu pour servir d'avertissement.

signature, *f.*, nom *ou* marque qu'on met au bas d'un écrit pour marquer qu'on en est bien l'auteur.

signe, *m.*, geste; indice; marque. **Faire** --, avertir, prévenir.

signer, marquer de sa signature, parapher.

silence, *m.*, absence de bruit. **Passer sous** --, ne pas parler de.

sillonner, traverser; couvrir; laisser des traces longitudinales nombreuses.

simple, qui n'est point composé; facile.

simplement, d'une manière simple.

simplicité, *f.*, qualité de ce qui est simple; niaiserie.

sincérité, *f.*, franchise; paroles sincères.

singulier, ère, bizarre, étrange.

sire, *m.*, titre qu'on donne aux empereurs et aux rois.

sitôt, aussi promptement.

situation, *f.*, position; condition.

six, deux fois trois.

société, *f.*, état des hommes vivant sous des lois communes; corps social; association de plusieurs personnes dans le commerce.

sœur, *f.*, féminin de frère.

soi, *pr. pers. de la 3me personne.*

soie, *f.*, fil fin et brillant; étoffe faite de ce fil.

soif, *f.*, désir de boire.

soin, *m.*, attention; préoccupation; peine, souci.

soigner, donner des soins à; avoir soin de.

soir, *m.*, fin du jour.

soirée, *f.*, soir; réunion pour causer, danser, *etc.*

soit, ellipse de: ainsi soit-il.

sol, *m.*, terre; terrain ferme.

soldat, *m.*, militaire qui touche une solde payée par le pays qu'il sert.

soleil, *m.*, astre qui produit la lumière du jour.

Soliman, nom de trois sultans des Turcs.

solitaire, qui est seul, qui aime à être seul.

solliciter, demander; prier, implorer.

solution, *f.*, dénouement d'une difficulté.

somme, *m.*, moment assez court qu'on donne au sommeil.

somme, *f.*, certaine quantité (*d'argent*).

Somme, rivière en France.

sommeil, *m.*, état où l'on est quand on dort.

somnambule, qui marche, agit, parle, tout en demeurant dans l'état de sommeil.

son, sa, ses, *adj. poss. de la 3me personne.*

son, *m.*, bruit.

sonder, chercher à connaître la pensée de.

songe, *m.*, rêve; illusion.

sonnette, *f.*, petite clochette pour appeler *ou* pour avertir.

sophisme, *m.*, faux raisonnement.

sophiste, *m.*, personne qui fait des sophismes.

sort, *m.*, destinée; hasard; état de fortune.

sorte, *f.*, espèce; manière. **En quelque** --, pour ainsi dire. **De -- que**, de manière que.

sortir, aller dehors.

sot, sotte, dénué d'esprit, de jugement.

sottise, *f.*, défaut d'esprit; discours, action sotte.

sou, *m.*, petite monnaie de cuivre, valant 5 centimes.

Soubise (**Charles de Rohan, prince de**), maréchal de France (1715-1787).

soudain, e, subit, prompt; dans le même instant.

souffle, *m.*, vent produit en soufflant de l'air par la bouche; haleine.

souffler, respirer avec effort.

soufflet, *m.*, coup du plat *ou* du revers de la main sur la joue.

souffleur, *m.*, qui souffle les mots à une personne récitant, *ou* jouant en public.

souffrance, *f.*, malaise; douleur physique; peine morale.

souffrir, endurer; résister à; sentir de la douleur.

souhaiter, désirer.

soulever, élever à une petite hauteur; exciter.

soulier, *m.*, chaussure qui couvre le pied complètement *ou* en partie.

soumettre, forcer à obéir.

soupçon, *m.*, conjecture.

souper, *m.*, repas du soir; *verbe*, prendre le repas du soir.

soupir, *m.*, respiration forte et prolongée occasionnée par la douleur.

source, *f.*, principe, cause, origine.

sourcil, *m.*, poils en forme d'arc au-dessus de l'œil.

sourciller, remuer les sourcils en signe de mécontentement, de surprise, *etc.*

sourire, *m.*, action de marquer un sentiment de gaieté par un mouvement des lèvres.

souris, *f.*, petit animal rongeur, du genre rat.

sous, *prép.*, qui marque la situation inférieure, la dépendance, *etc.*

souscrire, consentir.

soutenir, défendre.

soutirer, obtenir par adresse.

souvenir: **se** --, avoir mémoire d'une chose.

souvenir, *m.*, impression que la mémoire conserve d'une chose.

souverain, e, suprême; *N.*, celui *ou* celle en qui réside l'autorité souveraine.

souvent, fréquemment.

spécialement, d'une manière spéciale.

spécifier, déterminer en particulier.

spectacle, *m.*, tout ce qui attire le regard; représentation théâtrale.

spectateur, trice, témoin oculaire; assistant.

spirituel, elle, qui a de l'esprit.

spirituellement, avec esprit.

splendide, magnifique, somptueux.

station, *f.*, pause, demeure de peu de durée qu'on fait dans un lieu.

statistique, *f.*, groupement méthodique des faits.

statuaire, *m.*, sculpteur qui fait des statues.

statue, *f.*, figure de plein relief, représentant une personne *ou* un animal.

Steinkerque, village de Belgique.

stratagème, *m.*, ruse, finesse, tour d'adresse.

stupéfaction, *f.*, étonnement proche de la stupeur.

stupéfait, e, très étonné; immobile de surprise.

stupidité, *f.*, privation d'esprit; action, parole stupide.

subalterne, subordonné, inférieur.

subir, être soumis à; souffrir.

succéder, venir après.

succès, *m.*, issue (*bonne ou mauvaise*); victoire.

successivement, l'un après l'autre.

succomber, être abattu; céder.

succulent, e, savoureux.

Suède, royaume de l'Europe, un des trois états scandinaves.

sueur, *f.*, liquide qui sort par les pores.

suffire, être assez pour.

suffisance, *f.*, quantité assez grande; insolente présomption.

suffisant, e, qui est assez.

suggestion, *f.*, action de faire naître dans la pensée.

suicider: **se --**, se donner volontairement la mort.

suisse, *m.*, portier d'une maison.

suite, *f.*, continuation; ceux qui suivent par honneur une personne. **Tout de --**, sur-le-champ. **De --**, sans interruption.

suivant, e, qui est après.

sujet, ette, soumise à une autorité souveraine.

sujet, *m.*, cause, raison, motif.

sultan, *m.*, titre de l'empereur des Turcs.

sumac, *m.*, sorte de plante.

superbe, très beau, très riche; orgueilleux.

superbement, magnifiquement.

superflu, e, qui est de trop.

suppléer, fournir ce qui manque; remplacer.

supplication, *f.*, prière instante.

supplice, *m.*, punition corporelle.

supplier, demander avec instance et soumission.

supposer, admettre par hypothèse; inventer, imaginer.

supprimer, retrancher.

sur, *prép.*, qui marque la situation d'une chose à l'égard de celle qui est placée plus bas; à la surface de; concernant; proche.

sûr, e, indubitable; convaincu; infaillible; qui n'offre aucun danger.

sûreté, *f.*, éloignement de tout péril; certitude; garantie.

sur-le-champ, immédiatement.

surnom, *m.*, nom ajouté au nom propre d'une personne.

surnommer, donner un surnom.

surprendre, prendre a l'improviste; étonner.

surpris, e, étonné.

surprise, *f.*, action par laquelle on surprend; étonnement; plaisir inattendu.

sursaut, *m.*, mouvement brusque occasionné par quelque sensation subite et violente.

surveiller, veiller particulièrement et avec autorité.

survenir, arriver inopinément, d'une manière inattendue.

sus, sur.

suspendre, fixer en haut et laisser pendre.

Syracuse, ville de Sicile.

T

tabac, *m.*, plante dont les feuilles se fument.

table, *f.*, meuble sur lequel on mange.

tableau, x, *m.*, ouvrage de peinture exécuté sur toile. --**!** *interj.*, quelle scène!

tablier, *m.*, pièce d'étoffe qu'on met devant soi pour préserver ses vêtements.

tâche, *f.*, travail qu'on a obligation de faire.

tâcher, s'efforcer, essayer.

taille, *f.*, stature du corps.

tailler, couper.

tailleur, *m.*, celui qui fait des habits d'homme.

taillis, *m.*, bois que l'on coupe de temps en temps.

taire: **se** --, garder le silence.

talent, *m.*, aptitude naturelle *ou* faculté acquise.

talon, *m.*, partie postérieure du pied de l'homme.

Tanaïs, nom ancien du Don (*fleuve de Russie*).

tandis que, pendant le temps que; au lieu que.

tant, tellement. -- **mieux**, marque que l'on est satisfait d'une chose.

tapage, *m.*, bruit.

tape, *f.*, coup de la main.

tard, après le temps ordinaire.

tarder, différer; attendre trop longtemps pour faire une chose.

tarir, mettre à sec; cesser de parler.

tarte, *f.*, pâtisserie remplie de fruits, *etc.*

tâter, presser légèrement.

tâtonner, chercher en tâtant.

taupe, *f.*, petit animal qui vit sous terre et se rend très nuisible en coupant les racines.

taureau, x, *m.*, mâle de la vache.

tel, telle, pareil, semblable; *pr.*, un certain homme.

télescope, *m.*, instrument optique qui sert à observer les objets éloignés.

tellement, de telle sorte; à tel point.

témoin, *m.*, qui rend témoignage; *V.* **oculaire. Être -- de**, assister à.

témoigner, faire paraître par ses paroles *ou* ses actions.

temps, *m.*, durée des choses; moment; époque; état de l'atmosphère. **En même** --, ensemble. **De -- en --**, quelquefois. **À** --, assez tôt. **Prendre du bon** --, se divertir.

tendre, affectueux; sensible.

tendre, avancer; dresser; porter en avant. -- **la main**, demander l'aumône.

tenir, avoir; garder; diriger. **Tenez! tiens!** *interj.*, qui marquent la surprise, l'incrédulité, *etc.* **Se** --, demeurer, rester.

tentative, *f.*, action ayant pour but de faire réussir un projet.

tente, *f.*, pavilion de grosse toile.

tenter, essayer.

terme, *m.*, expression.

terminer, achever, finir.

terrain, *m.*, espace de terre; lieu où l'on se bat en duel. **Aller sur le** --, se battre en duel.

terre, *f.*, globe terrestre; sol.

terrible, qui cause de la terreur; violent; extraordinaire.

terrier, *m.*, trou, cavité dans la terre.

terreur, *f.*, frayeur; grande crainte.

terrifier, inspirer de la terreur à; épouvanter.

testament, *m.*, acre authentique par lequel on déclare ses dernières volontés et dispose de ses biens pour le temps qui suivra sa mort.

tête, *f.*, extrémité supérieure du corps de l'homme.

textuellement, conformément au texte.

théâtre, *m.*, lieu où l'on représente des ouvrages dramatiques, où l'on donne des spectacles.

Thèbes, ancienne capitale de la Boétie; rivale de Sparte.

théologie, *f.*, science de la religion des choses divines.

thèse, *f.*, proposition que l'on avance.

timide, qui manque de hardiesse, d'assurance.

tirer, mouvoir vers soi; faire sortir. -- **l'horoscope**, prédire la destinée.

titre, *m.*, droit. **À -- de**, en qualité de. **À quel** --, pourquoi.

titré, e, qui porte un titre (*de noblesse*).

toile, *f.*, rideau; sorte d'étoffe.

tombeau, x, *m.*, monument élevé sur les restes d'un mort.

tomber, faire une chute; descendre; devenir; sauter. -- **sur**, trouver.

ton, *m.*, manière de parler.

tondeur, euse, coiffeur; celui qui tond.

tonnerre, *m.*, bruit éclatant qui accompagne la foudre.

tordre, tourner un corps par ses deux extrémités en sens contraires.

torrent, *m.*, courant d'eau rapide et impétueux.

tors, e, tordu en spirale; difforme.

tort, *m.*, ce qui est contre la justice *ou* la raison.

tortu, e, qui n'est pas droit.

tôt, au bout de peu de temps. -- **ou tard**, à la fin.

toucher, être en contact avec; émouvoir; recevoir (*de l'argent*).

toujours, sans cesse; encore à présent; néanmoins.

tour, *m.*, trait d'adresse *ou* de friponnerie; rang successif.

tourmenter, faire souffrir; inquiéter.

tourner: **se** --, se diriger.

tourneur, *m.*, artisan qui fait des ouvrages (*en bois, etc.*).

tourniquet, *m.*, croix mobile posée horizontalement sur un pivot à l'entrée d'un spectacle payant, pour ne laisser passer qu'une personne à la fois.

tout, toute, tous, toutes, la totalité de; chaque; toute chose; tout le monde; *adv.*, entièrement.

toutefois, cependant.

trace, *f.*, marque.

traduction, *f.*, interprétation.

traduire, transposer dans une autre langue.

tragédie, *f.*, poème dramatique, représentant une action importante qui se passe entre des personnages illustres, et propre à exciter la terreur *ou* la pitié.

tragique, qui appartient à la tragédie.

trahir, révéler.

train, *m.*, allure (*en général*); suite de wagons traînés par la même locomotive. **En -- de**, actuellement occupé à. **En bon** --, bonne humeur.

traîner, tirer après soi; pendre.

trait, *m.*, action; arme de jet à pointe aiguë.

traitement, *m.*, accueil; réception.

traité, *m.*, convention écrite entre deux gouvernements.

traiter, agir bien *ou* mal avec quelqu'un; régaler *ou* donner à manger; appeler.

tramer, machiner; comploter.

tranche, *f.*, morceau coupé un peu mince avec un instrument tranchant.

tranquille, calme.

tranquillement, d'une manière tranquille; paisiblement.

tranquilliser, calmer.

transformer, métamorphoser.

transparent, e, qui se laisse traverser par la lumière et permet de distinguer nettement les objets à travers son épaisseur.

transporter, porter d'un lieu dans un autre.

travail, travaux, *m.*, ouvrage. **Travaux forcés**, peine afflictive et infamante qui a remplacé les galères.

travailler, se donner de la peine pour faire une chose; s'appliquer à; agiter.

travers: **de** --, obliquement. **À** --, au milieu. **Au** --, par le milieu.

traverser, passer d'un côté a l'autre.

treille, *f.*, ceps de vigne élevés contre un mur *ou* un treillage.

trembler, être agitée par de petits mouvements saccadés.

trente, trois fois dix.

trépasser, mourir.

très, *adv.*, qui marque le superlatif.

Triboulet, fou de Louis XII et de François I (mort vers 1528).

trille, *f.*, terme de musique: manière de chanter une note.

triomphant, e, qui triomphe; qui a vaincu.

triomphe, *m.*, entrée pompeuse et solennelle; victoire; grand succès.

triompher, vaincre à la guerre; remporter un avantage sur quelqu'un; surmonter; exceller; tirer vanité de; être dans la joie de.

tristement, d'une manière triste, découragée.

trois, deux et un.

troisième, *num. ord.*, de trois.

tromper, faire tomber dans l'erreur. **Se** --, se méprendre.

trompeur, euse, qui trompe.

tronc, *m.*, le corps considéré sans la tête et les membres.

trop, excessivement.

troubler, brouiller; jeter dans le désordre; interrompre.

troupe, *f.*, association de gens se livrant à la même occupation; réunion de soldats.

troupier, *m.*, soldat.

trousse, *f.*, faisceau de chases liées ensemble.

trouver, rencontrer; penser; voir. **Se** --, être, arriver.

tu, toi, te, *pr. pers. sing. de la 2me personne.*

tuer, faire mourir.

tumulte, *m.*, grand mouvement avec bruit et désordre; agitation; mouvement animé.

turc, turque, de Turquie.

Turenne (Henri de La Tour d'Auvergne, vicomte de), maréchal de France. Très simple, très modeste, il tira sa valeur militaire surtout du calcul et de la réflexion (1611-1675).

type, *m.*, modèle idéal; personnage.

typhus, *m.*, nom de diverses maladies très graves.

tyran, *m.*, usurpateur; souverain cruel.

U

un, e, le premier de tous les nombres.

unanimité, *f.*, conformité à des opinions.

université, *f.*, groupe d'écoles qui donnent l'enseignement supérieur.

usage, *m.*, coutume; emploi.

user, détériorer par l'usage. -- **de**, faire usage de.

usurpateur, trice, personne qui s'empare par ruse *ou* violence de ce qui appartient à un autre.

V

vacant, e, non occupé.

vacarme, *m.*, grand bruit tumultueux.

vaccine, *f.*, maladie de la vache qui peut se transmettre à l'homme et lui assurer l'immunité de la petite vérole.

vacciner, inoculer la vaccine à.

vagabond, *m.*, homme errant, sans domicile.

vain, e, inutile. **En** --, inutilement.

vaincre, l'emporter sur; surmonter.

vainqueur, celui qui remporte une victoire dans un combat.

vaisseau, x, *m.*, grand bâtiment sur mer.

valet, *m.*, homme attaché au service d'une maison.

valeur, *f.*, ce que vaut une personne *ou* une chose.

vallon, *m.*, petite vallée.

valoir, avoir un certain mérite, une certaine utilité; être égal à; être estimé à l'égal de. **Ne -- pas la peine**, être inutile.

Van Dyck, *V.* **Dyck**.

vanter, louer beaucoup.

vapeur, *f.*, nuage qui s'élève des choses humides par l'effet de la chaleur; bateau mû par la vapeur.

vasistas, *m.*, petite partie mobile d'une porte *ou* d'une fenêtre.

vaurien, *m.*, personne de nulle valeur.

veau, x, *m.*, le petit de la vache.

veiller, s'abstenir de dormir. -- **à**, prendre garde à.

velours, *m.*, espèce d'étoffe.

vendeur, euse, dont la profession est de vendre.

vendre, céder moyennant un prix convenu.

vendredi, *m.*, sixième jour de la semaine.

vengeance, *f.*, action de se venger, de punir une offense.

venger: **se** --, tirer vengeance.

venir, aller d'un lieu plus éloigné à un lieu plus proche; arriver. -- **de faire**, avoir fait récemment. -- **à faire**, faire par hasard. -- **à bout**, triompher.

ver, *m.*, petit animal rampant.

Verdun, ville de France, sur la Meuse.

verger, *m.*, terrain planté d'arbres fruitiers.

véridique, qui fit vrai.

véritable, conforme à la vérité.

vérité, *f.*, chose vraie.

Vernet (Horace), célèbre peintre français, le peintre de batailles par excellence (1789-1863).

verre, *m.*, corps solide, transparent et fragile; vase â boire.

vers, dans la direction de.

vers, *m.*, assemblage de mots rythmés.

Versailles, ville à 18 kil. S.-0. de Paris.

vertu, *f.*, disposition constante de l'âme qui porte à faire le bien et à éviter le mal.

vestibule, *m.*, pièce par laquelle on entre dans un édifice.

vêtement, *m.*, tout ce qui sert à couvrir le corps.

vétéran, *m.*, vieux soldat, ancien soldat.

vêtir, habiller.

veuf, *m.*, homme qui a perdu sa femme.

vexé, e, contrarié.

vexer, contrarier, tourmenter.

viager, ère, dont on possède la jouissance sa vie durant.

viande, *f.*, chair des animaux, *etc.*, dont on se nourrit.

vice, *m.*, défaut, faiblesse.

victime, *f.*, personne sacrifiée au intérêts d'autrui.

victoire, *f.*, succès remporte à la guerre.

victorieux, euse, qui a remporté la victoire.

vide, où il n'y a rien.

vider, rendre vide; terminer; donner une solution à.

vie, *f.*, existence.

vieillard, *m.*, homme très âgé.

vieille (*f. de* **vieux**), femme âgée.

Vienne, capitale de l'Autriche.

vieux, vieil, vieille, âgé. **Mon** --, mon ami.

vif, vive, animé. **Prendre sur le** --, imiter avec beaucoup de vérité.

vilain, e, malhonnête; pas beau.

village, *m.*, assemblage de maisons mains considérable qu'une ville.

villageois, e, habitant d'un village.

ville, *f.*, assemblage d'un grand nombre de maisons; ses habitants.

vin, *m.*, liqueur que l'on tire du raisin.

violon, *m.*, instrument de musique à quatre cordes.

visage, *m.*, face de l'homme.

visible, qui peut être vu.

visiter, aller voir.

visiteur, euse, personne qui est en visite.

vite, promptement; rapidement.

vivant, e, qui vit.

vivat! acclamation, bravo!

vivement, avec ardeur; profondément; amèrement.

vivre, être en vie.

vizir, *m.*, ministre d'un prince musulman.

vocable, *m.*, mot.

vocalise, *f.*, manière *ou* action de vocaliser.

vœu, x, *m.*, expression d'un désir; promesse faite à la Divinité de faire un acte *ou* de s'en abstenir.

Vogler, nom d'un musicien.

voici, mot qui désigne ce que est près.

voilà, mot qui désigne ce qui est loin.

voile, m., pièce d'étoffe.

voile, *f.*: **mettre à la --**, s'embarquer.

voir, percevoir par le moyen des yeux; rendre visite à; visiter.

voisin, e, qui est proche; qui demeure auprès.

voisinage, *m.*, lieux voisins.

voiturier, *m.*, qui fait le métier de transporter par voiture.

voix, *f.*, son qu'on fait en parlant; suffrage.

vol, *m.*, action de voler, de dérober.

volée: **à toute --**, de toute sa force.

voler, être lancé avec une extrême rapidité.

voler, prendre furtivement *ou* par force le bien d'autrui; ravir; dérober.

voleur, euse, celui qui vole, dérobe.

volonté, *f.*, résolution de faire une chose; décision.

volontiers, de bon gré; avec plaisir.

Voltaire, poète et prosateur français. Son influence littéraire et sociale fut énorme (1694-1778).

volume, *m.*, étendue, épaisseur d'un objet; livre relié *ou* broché.

votre, *adj. poss. sing.*, qui est à vous.

vouloir, désirer. **En -- à**, souhaiter du mal à.

vous, *pr. pers. pl., de* **tu**.

voyage, *m.*, chemin qu'on fait pour se rendre dans un lieu éloigné.

voyager, faire un voyage.

voyageur, euse, qui voyage.

vrai, e, conforme à la réalité.

vraiment, effectivement.

vu, eu égard à.

vue, *f.*, faculté de voir. **Point de --**, manière de voir.

vulgariser, mettre à la portée de tous.

W

Was ist das? *allemand pour*: **qu'est-ce**.

Washington (George), premier président des États-Unis d'Amérique (1732-1799).

Westphalie, contrée d'Allemagne.

X

Xanthus, philosophe grec.

Y

y, là, à cela.

yeux, *pl. de* **œil**.

Yriarte (Thomas de), poète espagnol, auteur de "Fables Littéraires" (1750-1791).

Z

Zadig, œuvre philosophique de Voltaire.

Zaïre, tragédie de Voltaire, inspirée par l'Othello de Shakespeare (1732).

zélé, e, qui a du zèle.

9 789358 008623

Printed at Repro India Ltd.